ディンカ族の少年たちの牛を真似た踊り

ホゴン族の穀倉の扉に刻まれた雨乞いを示す木彫

バルバ族の枕の木彫

アフリカの創世神話

阿部年晴

紀伊國屋書店

新装版への序

本書は、一九六五年に紀伊國屋新書の一冊として出したものである。この十数年の間に日本における人類学的なアフリカ研究や神話研究の状況は大きく変化しており、この小著を再版することについてはおおいに躊躇した。本書が出た当時は、日本の人類学者によるアフリカ研究は始まったばかりで、本格的なフィールドワークを経験した人もごく少数に過ぎなかった。

その後日本のアフリカ研究者の数は飛躍的に増加し、現在では毎年十人を越す日本人研究者がフィールド・ワークに従事している。私自身のアフリカ滞在も通算すれば三年を越えた。他方、神話への関心も高まり、一九七〇年代の日本の出版界は、神話学ブームと呼べるようなものを経験している。

こうした状況にもかかわらず本書の再版に同意したのは、本書がアフリカの神話や世界観への簡略な手引き書としては今日でも多少役に立つだろうと思ったからに外ならない。アフリカに関する日本語の文献は飛躍的に増えたけれども、神話や世界観に関するものの数は少ない。神話についても、人類学的なフィールド・ワークに基いた研究が専門的な文献以外で紹介されることは比較的稀れである。

現在から見れば本書の記述には不満な点が少なくないが、参考文献に若干新しいものを加えた外は手を入れなかった。特に第一章については、日本語文献も多く出ているので参照して補なっていただきたい。また、第八章に関連しては、人類学の構造論的な神話論の成果が考慮されるべきであろう。アフリカの神話に関するここ十数年間の研究においても、本書で紹介した諸研究を継承発展させるようなタイプの研究が引き続きあらわれているほか、イギリス風の社会人類学の方法とレヴィ＝ストロースの構造論的な方法とを結びつける試みが幾つかなされている。

こうした事とは別に、人類学以外の領域でも、アフリカ人自身の手になる多数の文学作品や評論が、本書で紹介した世界を内部から描いたり批判的検討の対象としたりしている。それらはまた、現代世界に生きるアフリカ人による新たな創造の試みでもある。

そのような試みをも含めて、アフリカの諸民族の世界観が、現代の世界にユニークな貢献をなしうるという私の確信は、本書を執筆してから十数年経た今日もゆらいでいない。当時はいささか観念的であった私のアフリカ像も、今では個人的かつ具体的経験によって血肉を与えられている。そうした経験を動員して、アフリカ人の世界を描き出し、現代世界の中に位置づける仕事もここしばらく続けてみたい。

目次

アフリカ概念図

(本書に出てくる各種族の居住地域)

1.ディンカ族　2.ルグバラ族　3.ドゴン族
4.フォン族　5.ロジ族

第一章　アフリカ素描

世界の諸民族が語り伝えている宇宙や人間生活のはじまりに関する物語、神々や妖精や太古の魁偉な人間たちが登場する奇妙な物語を創世神話と呼ぶことにしよう。

たとえば、本書で紹介するアフリカの諸種族の神話はその例である。それらの創世神話は、協力して自然に働きかけ自らの生存を維持してきた人間たちの集団生活の底深く根を下している。この大陸における自然と人間の関係、人間同志の関係、これらの関係の構造が神話を培った土壌であり、自己と世界にむかう意識を訪れる目くるめく白日や、さだかならぬ、それ故精神をとらえて離さぬ薄明がその活力の源である。そこから生まれ出た神話は、人間にとって世界がどのようなものであったかを物語り、人間同志を結びつけ彼らの生活にひとつの構造を与えたものが何であるかを物語っている。本書では神話を、その背景・土壌との関連において理解し、神話が開示する思想に注目しよう。

神話を記述するに先だって、神話の背景をなすこの大陸の自然と人間生活について幾つかの断片的な素描を試みておきたい。

歴史

かつては歴史をもたないと言われていたこれらの種族の社会も、当然のことながら、長い独自の歴史の産物なのである。どの種族も、度重なる移住や戦闘、技術的な改良や新しい社会組織の創設などに彩どられた過去をもっている。

しかし、広大なアフリカ大陸に堆積した時間をすべて汲みあげ、多彩な歴史絵巻を繰り広げることはもとより不可能であるから、ここでは、アフリカ史を織りなす幾つかのモチーフを素描するにとどめよう。

文明の発祥地が西南アジアであるとすれば、人類の原郷はアフリカであろうとはよく言われるところである。今日発見されつつある豊富な遺跡や遺物から、旧石器時代の大部分を通じてアフリカは世界でもっとも先進的な地域であったことが分かる。六、七十万年前に遡る遺跡が、中央の大森林地帯をのぞく他のほとんど全域から発見されている。当時アフリカは、西はイギリスから東はインドに到る広大な地域の中心であり、そこではさまざまな影響が相会い、幾多の試みがなされ、高揚した人間の活動が繰り広げられていた。そしてここから、初期のタイプの人間たちが地球上の各地へ広がっていった。

だが数十万年を越えるこの悠久にも似た旧石器時代の果てに、今から約七〇〇〇年か八〇〇〇年の昔、植物を栽培し、野獣を家畜化することを始めたのは、西南アジアに住んでいた人間たちだった。西南アジアが農耕と定住生活の曙をむかえた後も、アフリカは長く採集狩猟の段階にとどまる。

農耕と牧畜は紀元前六、五千年代になるとナイル河下流域にまで伝わる。やや遅れて、紀元前四千年紀のうちのいつの頃にか、それまで緑の沃野であり、牧人や農耕民たちの移動の波で活気を帯びていたサハラが乾燥し始めた。この乾燥化は時と共にすすみ、それとともに、サハラ以南のアフリカの相対的な孤立は次第に深まって行く。爾来、地中海世界にとどまった北アフリカと、乾燥化を続けるサハラによって外界から遮断された南のアフリカとは全く異なる道をたどることになる。

エジプトにまで及んだ新石器時代の農耕は、サハラ以南のアフリカにはついにとどかなかった。この地域の大部分は農耕牧畜をともなう新石器時代をもたず、そこが生産経済に移行するのははるかに新しく、北方、すなわちナイル河の上流を経て鉄器文化が波及した時代であると考えられる。それは今から約二〇〇〇年ほど前のことである。同じ頃、東南アジアからの航海者たちが、ヤマノイモとバナナを東アフリカの海岸地帯にもたらした。この新来の作物は種族から種族へと伝わり、すみやかに密林を横切ってはるか奥地にまで広まって行く。これらの作物によってアフリカ人たちは密林地帯での農耕生活を営むことができるようになった。その後は、鉄器と農耕の技術とをたずさえたひとびとの北から南への、あるいは東から西への移動の波がこの大陸をおおった。それは、さざ波のように小止みなく起こり、断え間なく繰り返し、サヴァンナを越え、密林に浸透し、活動する人間のざわめきを残して行った。これらの移動の波の中には、農耕民のほかに、家畜を追って東アフリカを南下する牧牛民の群も含まれているし、ステップや密林に出没する狩猟民たちの貧しく、すばしっこい姿もあった。

それはひとつの新しい時代のはじまりであった。それ以来、人口は急激に増加し、人間たちは大胆に未知の自然に挑んで生活の領域を広げ、より強大な政治組織を生み出した。多くの種族が国家を形成し、数々の帝国すら興亡した。しかし、他面からみれば、千数百年にも及ぶこの時期にもアフリカ人たちの社会は著しい停滞性を示している。一般的に言えば生産力の向上はきわめて緩慢であり、大部分の社会は（牛にひかせる）犂を用いず掘棒による焼畑農耕の段階にとどまっていた。この一般的な停滞の要因は幾つか指摘できる。サハラの乾燥による孤立、犂の使用に適さない土壌、環境と言語が多様なためにアフリカの内部でも十分な文化交流が行ない得なかったこと、等々。だが、もとよりここでも完全な停滞と言うようなことはあり得なかった。アフリカ人たちは多様な自然に働きかけ、適応し、個性豊かな活力ある文化を生み出してきたのである。では彼等の活動の舞台となった自然環境はどのようなものであったのか。

自然

農耕民の場合についてみれば、高度に分解し、いわば老朽化したやせた土壌がある。そこでは農業の生産力を高めることはきわめて難しい。犂が用いられなかったことは、勿論、生産力の低さを説明する大きな要因ではあるが、このやせた浅い土壌にたいしては、掘棒と鍬の農耕の方がよりすぐれた適応手段であったことも事実なのである。人々は樹木を伐採し、サヴァンナを焼き払って耕地をつくる。地力が衰えると、別の土地に新しい耕地をつくった。増大する人口を養うのにその土地が不十分になっても、なお人の住んだことのない広大な地域が残っていた。生産力が低く余剰生産物はないが、残された土地が広かったので、他の地域でなら技術改良のための刺激になったかも知れないような試練に遭遇することもなかった。こうした条件のもとで、彼らは長く同じような生産力の段階にとどまり、幾世代をかけて独自の強靱な文化をつくりあげていった。本書で紹介しようとしている神話もそのひとつのあらわれである。

自然条件について触れねばならないのは、土壌だけではない。アフリカ人たちの移動の波を受け入れた大陸の自然環境の多様性についても述べなければならない。

この大陸の自然環境は著しい多様性を示している。そこには、陰湿な密林の薄明から、酷熱の砂漠の目くるめく正午まで、原色の熱帯植物の乱舞から万年雪の静寂にいたるまで、自然のさまざまな相貌が繰り広げられている。このことは、人間生活に働きかけて多様な形態を展開させたといえるが、同時に、大陸全体にわたる文化の自由な交流を妨げもしたのである。

この大陸のほぼ中央を赤道が走り、幾つかの気候帯が赤道に平行に広がる。

まず、西アフリカのギニア湾沿岸地帯から東アフリカの大湖地方のあたりまで続く熱帯雨林。そこでは、巨樹の梢がからみあって天を隠し、昼も薄明の世界が広がる。朽ち果てた幾世紀の堆積の上に、太古を想わせる植物や動物の重々しく鮮烈な生命が繁茂している。この季節のない世界に規則正しいスコール（驟雨）がひとしきり降ると、樹間の狭い虚空にたちこめる水蒸気はしばらく消えやらない。ここでは、生命と色彩の奔流が、耐え難い暑気が、病を満載した昆虫の群が、勤勉な白蟻が、すべてが協力して、精神を解体させ、腐蝕させるよう働く。しかし、ここにも人間の生活がある。密林の中のわずかな空地には、しばしば屋根だけの堀立小屋が幾つか相寄る小さな聚落がある。ギニア亜型やコンゴ亜型に属する背の低い黒人たちの棲家である。

小木を伐り倒し、焼き払って小さな耕地をつくりイモ類を植えつけると、収穫まで何の世話もいらない。こんな具合にして一年に数回も収穫がある。

密林には、いたるところに危険な精霊のたぐいがひそんでいる。黒人の農夫たちは、それらを手なづけたり、攻撃から身を護ったりするために、強力な呪薬や儀式を種々そなえている。熱帯雨林には、敏捷な狩人であるピグミーも住んでいる。

赤道から離れて行くと、密林は次第にまばらになり、やがて灌木の散在する草原が広がる。喬木や灌木が散在するだけの広大な草原は、穀物栽培民と牧牛民たち、そして多種多様な野獣たちの世界である。ここでは、地平線の彼方で相逢う茫漠たる天と地が世界を形づくる。それらが織りなす壮麗な夜明けと日没は、世界をめぐる人間の想念と幻影に深い刻印をおしている。

ここ、サヴァンナで相寄って人間の運命となるのは太陽と雨と河泉である。一年は明確な乾季と雨季に分かれる。容赦ない乾季の太陽が耳を聾する殺戮のシンバルをたたいて、茫々たるサヴァンナに君臨するとき、草原は焦げ、河や泉はやせ細り、すべて生命あるものは息をひそめる。やがて太陽が、ひととき日没の抒情をかなで、血の色をした奔放な余影を残して姿を消すと、闇が、真正のサヴァンナの夜が訪れる。

夜もまた人間を世界から引き離すものではない。アフリカの広大にして深い闇の中に、世界はその相貌をあらわにして立ちあらわれ、人間たちに襲いかかる。野獣や妖怪や精霊の跳梁する混沌たる夜、大いなる涼気と静寂によって生命を更新する母胎の闇。草原に密林に、息をひそめ、焙られる恐怖にかたくなっていたすべての生命が解き放たれ、無数の音と気配が夜をみたす。このとき、すでに死滅したかに見えた村々、陽に焦げる枯草の帽子を被った土小屋の相寄るささやかな村々は大いなる生の揚潮を迎える。夜を焦がす薪火、世界の神秘な力に呼びかける太鼓のリズム、炎に映える群舞。

こうした乾季の日々、農夫たちは、すべてを大地と神秘的な絆で結ばれている祖先たちの手に委ね、牧人たちは、水と草を求めて家畜の群を追い、ときには、河馬やワニの待ちかまえる危険な河を渡る。

だが、やがて乾季が沙漠の方へと退き始めるときが来る。乾季から雨季への移行期の不規則な降雨と日照りの交錯の後、ついに雨季が訪れる。雨が、果てしないアフリカの雨が降り注ぐ。この世の初めのときのように雨は天地を濡らして降り続け、茶色に焦げていたサヴァンナはたちまち緑野に変貌する。このとき大地は大きく息づき、その果て知れぬ胎内の闇からありとあらゆる生命を奔流させる。

黒人種の農夫たちは、乾季の草原を焼き払って耕地をつくり、本格的な雨季の来る前に種を播きおえて恵みの雨を待つのだった。彼らは耕作に多大の智慧とエネルギーとを注ぎ込んだ。牧民たちは、家畜に深い愛情を抱き、美しく逞しい牛に測り知れぬ価値の具現をみていた。農夫たちは穀物への心づかいによって、牧民たちは家畜への愛情によって、世界に、サヴァンナの太陽と雨と河に結びつけられていた。敏速な移動の可能なこの地域は、古来数知れぬ民族移動の波におおわれ、また幾多の王国の興亡の舞台でもあった。もうもうたる土煙の中を鎖帷子が鳴り、槍の穂先が陽にきらめき、栄光や挫折した野心の物語が人々の記憶をかすめていった。

息づまるようなドラムのリズムがつんざく夜、たきびの炎に照らし出されるしなやかで逞しい黒人たちの群舞、長い槍にもたれて牛の群を見守る若者、丈高い草原を駆け抜ける多彩な野獣といった光景がみられるのもこの地域である。

サヴァンナはやがて短い草本しか育たぬステップの中へと消え、このステップが果てるところに不毛の沙漠が迫まる。

南アフリカのカラハリ沙漠では、後からやってきた移住者たちにこの不毛の地へと追い込まれたブッシュマンが、わずかなオアシスをたよりに採集狩猟の生活をおくっている。

北のサハラ沙漠のオアシスでは集約的な灌漑農耕が営まれている。荒漠たる沙漠のつきるところには、地中海沿岸の活気ある生活がある。

本書でとりあげる神話はサハラの南のサヴァンナやステップに住む黒人諸種族のものである。

多様性とその統合

アフリカ史は一面からみれば、こうした多様な環境への働きかけと適応の物語である。

しかし、アフリカ史を形成する条件はそれだけではない。大沙漠と良港のない単調な海岸線により外界から遮断されていたとはいえ、完全に孤立していたわけではない。ヨーロッパ人のことを別にすれば、アフリカが外界の影響を受け取るには主として三つの通路があった。サハラ沙漠を通して、薄められ弱められつつも、地中海世界の文化はアフリカに影響を与え続けた。ナイルの上流からは、エジプトの、更には西南アジアの影響が波及した。そこから、広大なスーダンの草原を越えて、西アフリカのギニア湾岸の王国にすらも、古代エジプトとのまぎれもない類似性の幾つかを見出すことができる。東アフリカの沿岸地帯は、古くからインド洋貿易圏の一翼をになっていた。そこでは、遠くは中国や東南アジア、更にはインドやアラブ世界から運ばれた品物や思想が肩をならべ、一種のるつぼをなしていた。こうして流入した諸要素が、アフリカ史においてどれほど大きな役割を果たしたかは、ヤマノイモやバナナ等の例によってもただちに理解されるだろう。外部との関係においては、黒人のアフリカは受身であったと言えよう。奴隷たちによってアフリカの文化が新大陸にもたらされるまでは、アフリカ的なものが他の世界へ流出して大きな影響を与えるということは比較的少なかった。しかし、受容し借用したさまざまな要素を用いてひとつの伝統を織りなすとき、アフリカは決して受身ではなかった。異質なものを自己の内に取り入れ、多様なものを統合するに際してはアフリカは目覚ましい活力を示している。ここに、「多様性とその統合」というアフリカ史の顕著なモチーフがある。このモチーフは、アフリカ史の停滞性ということとともに十分に考慮されるべきものである。

　多様性についてはたとえば、社会組織の諸形態が注目される。ここには、百名に満たないバンドが最大の政治単位であるような採集狩猟民社会から、中央集権的な君主国家にいたるまでの、さまざまな形態がみられる。血縁あるいは系譜が社会結合を支える原理となっている社会、血縁集団が地域的にもまとまり、宗教的・経済的な機能を担っている社会がある。他方には、血縁集団は社会的分業の単位とならず、政治・司法・共同労働などはすべて、地域社会と結びついた年齢集団や男子の秘密結社を通じて行なわれる社会もある。有名な彫刻についてみても、黒人彫刻が展開していないような様式はないのではあるまいかと感じさせられるほどである。ギリシャ彫刻を想わせる洗練された自然主義とほとんど接して、高度な抽象化と単純化への志向がみられる。もっとも簡素な表現への好みがあり、極端なまでのバロック、瑣細な表現への好みがあるといった具合である。

しかし、心を幻惑する多様性にもかかわらず、注意深く観察すれば、それらの背後を貫く原理はかなりの等質性を示していることが分かる。

たとえば、黒人の農夫や牧人たちの多種多様な文化を通じてみられる思想は二つの焦点をもっている。ひとつは或る種の生命力の観念であり、他のひとつは、祖先と生命力の結びつきに関する観念である。

世界

彼らは世界を無辺の聖なる力のあらわれとして把握している。この生命力は、創造神として、時に人格的なイメージを与えられることもある。しかしこの根源的・普遍的な生命力はそれ自体としては存在することができない。それは常に、具体的な個物として存在するのである。おおよそこの世界に存在するものはすべて力である。それらの力、個物としての力は、あの根源的な生命力の一片であるとも、そのあらわれであるともいわれる。この世界に存在するものはすべて、あの聖なる生命力の存在形態ないしは発現形態であるともいえよう。このことは、すべての個体がそれから生命力を与えられるという神話的表現に托して示されることもある。

ルアンダ人カガメが自国語の分析によって明らかにした思想によれば、存在するものは、力は必ず、次の四つのカテゴリーのいずれかに属する。(1)ムントゥ。知性を与えられた力ともいうべきもので、神々や人間がこれに属する。(2)キントゥ。いわゆる《物》であり、動植物や鉱物がこれに属する。《眠れる力》あるいは《凍れる力》とでも言うべきもので、それ自体では活動を開始することができず、ムントゥの働きかけがあるときにのみ、目覚めた力として活動するのである。(3)クントゥ。いわゆる様式や観念の有する力であり、言葉やリズムはその代表的なものである。ムントゥのみがこの力を操作することができる。ムントゥはこの力を用いて凍れる力、キントゥに働きかける。(4)ハントゥ。時間と空間。これらも一種の力であり、事物を生起させ、配列する。これら四つのカテゴリーの名称に共通の語幹Ntuはルアンダ語では力を意味する。Ntuは、それ自体としては存在することができず、四つのカテゴリーのいずれかの様態をとることによってのみ存在するという。

諸存在の織りなす全体は別の観点からも把握される。存在するものはすべて力なのであるから、共に存在するというだけでも相互に作用を及ぼし合う。すべての存在は互いに影響を及ぼし合い、交流し合う、この世界にあっては何ものも孤立していることはできない。しかし、世界は無数の力が互いに相争う混沌なのではない。実在あるいは世界の本質は、ひとつの聖なる秩序として把握されている。この秩序の主要な側面は力の位階制ともいうべきものである。すべての存在＝力はその強さによって一定の序列をなしている。この序列の頂点に立つのはあの無辺の聖なる力、万物の創造者としての至高神である。至高神の次には祖人（最初の人類）あるいは種族の始祖が位置する。その下に祖先たちが古さの順に続き、次に生者がくる。生者はほぼ年令の順にこの序列に組み入れられる。神々と人間はムントゥである。人間の次には、より下位の力としてキントゥが、動植物や鉱物がある。

このように理解された世界は聖なる秩序であるとはいえ、冷厳な法則が貫く没人間的な機械に似たものではない。それは、個性ある無数の力が、ムントゥたちが、相わたるドラマの世界である。自然、動物や植物たち、それらは、その背後や内部にあって動かしている目に見えない力をのぞけば、もはや何ものでもない。もとより若干の例外はある。しかし、総じてそれらは《眠れる力》であり、《凍れる力》なのである。植物は、芽を出し、花咲き、やがて実を結ぶ。そうしたことが起こるのは、いずれかのムントゥが、すなわち神々か人間のあるものが、言葉の力を用いて植物の力を目覚まし、解き放ったからにほかならない。目にみえる世界の背後に働く力は目にはみえないが、別の意味からすれば決して無色透明な、中立的な存在ではない。それは、愛情や悪意をもって人間に働きかける個性的な相貌を帯びた諸力である。それらの相貌は、人間たちの願望や恐怖の投影によって色濃く染め抜かれている。より高位の、より大きな力になるほど、その色はますます濃くなり、重なりあい、曖昧さをまし、熾烈さをまし、精神を戸惑いさせる多義性をおびつつ、人間から遠ざかり、意識の限界へと、あの薄明の地平へとしりぞいて行く。こうしたムントゥたちの系列の果てに、人々が世界そのものの本質であると考えている生命力が、他のすべてのムントゥはその一片であるに過ぎないようなあの源泉がある。人間の精神はそこで挫折する。それは、世界と同様に巨大な、いわば究極的な謎である。この力の源に、彼らは時として人格性を擬する。彼は万物の産出者であり、創造者である。すべての力はそこに由来する。だが、神話によれば、この世のはじめに、神ははるかに地上をはなれた。爾来、神は人間にとって永遠の謎となる。

人間に無関心な測り難い生命力の奔流が、人間的なものを解体して止まないこの大陸にあって、これらの種族は世界を人間化し、その強大なる生命力の幾分かを自己のものとするために、幾世代をかけて努力し続けた。しかも彼らの深い知慧は、世界が依然として、人間に無関心であり、人間にとっては解き難い謎であることを感じ続けているのである。だが、ここには真の断絶はない。至高神から祖人へ、祖人から他の祖先たちへと、ムントゥの系列は、父から子を経て孫に到る血縁の連続の如く、ひとつの連続体を形成している。世界の偉大な生命力は祖先たちを経て、生者にまでもたらされるのである。

生命力

こうした世界にあって、人間は自己を、世界から切り離され閉ざされたものとは感じなかった。彼は自分の本質を一個の生命力として、他の生命力との果てしない相互作用のるつぼの中に投げ込まれ、時に強化され高揚され、時に弱まり沈滞する弾力性に富んだ一個の力として感じていた。ひとびとが熱望し、人生の目標として追求するのは、自己の存在の強化、すなわち生命力の増大であり、社会的影響力の強化である。強烈なアフリカの風土に生きる人間たちが求めたのは、存在の強化であり、生命の高揚であった。ひとびとを駆りたてるのは、《力への意志》

であり、《繁栄への渇望》であったともいえよう。それでは、彼らの意味する生命力とは何か。それは、われわれにとって必ずしも明確ではない。ムントゥを《凍れる力》である動物や植物から区別するものは、いわば知性とも呼ぶべきものであった。それは他に働きかけるためにクントゥを用いることのできる力である。言い換えれば、世界を動かしている諸力の本質は或る種の知慧である。それは宇宙の聖なる秩序に関する知慧、おそらくは、宇宙の秩序と本質にたいする把握力といってもよいものであろう。宇宙にたいする深い知慧、種族の伝統の根底にある奥義が恐るべき力に到る道、あるいは力そのものであるという確信は、これらの種族のもとにあって、幾世代を越えてゆらぐことなく伝えられてきたのである。

知慧と生命力とが合致するという単純な偉大さを、これらの種族の文明は涵養し続けてきた。

長老

これらの種族の社会生活の中心には、長老たちの姿がある。彼らは、天と地が離れて行った世界の荘厳な夜明けを知り、世界の終末を知っている。目を幻惑する多彩で強烈な世界にあって、彼らは世界の運命と、永遠と対座している。人間が如何にして人間になったかを彼らは手にとる如く明らかに理解し、世界における人間の運命をも見通している。

彼らの知慧の源は何か。それは神話である。青写真のごとく、世界と人間の本質と運命をさし示すこの奥義こそ、彼らの恐るべき力の源なのである。彼らは、深い皺のきざまれた額の奥に、瞬時にしてこの青写真を写し出すことができる。彼らは神話を唱えることができる。ここでは、言葉はすべて力である。神々や人間の知慧の力は言葉によって他者に働きかける。神話も言葉であるから一種の力である。しかも、種族の伝承したもっとも深い知慧を運ぶ言葉であるから恐るべき力である。神話は男子結社の奥深く秘められ、長老たちによって注意深く護られている。サヴァンナや密林の永遠に圧倒的な自然の中にあって、すべての価値が個人と共同体の生命力の高揚をめぐって展開しているこれらの種族の社会生活の中央に、彼らは半神の如く、もの静かに威厳に満ちて座している。長老たちは、共同体が己の生存を賭けている農耕の作業を指図し、あるいは財産を管理していて、結婚しようとしている若者たちのために婚資をととのえてやったりする。長老たちは、若者たちよりも死者に近い。死者は、生者よりも高い位階に属するより強烈で純粋な力である。人間は死によって動物的生から解放され、純粋なムントゥに、知慧になる。死者たちは半神ないしは神々の列に連なるのである。この死者と交わることができるのは長老たちだけである。次第にやせおとろえ、かわいて行く肉体は、長老たちの生命力の衰えを示すものではない。彼らは次第に純化され、強烈になり、死者たちの位階へと昇りつつあるのである。彼らの生命力が衰えているなどとは、とんでもない。長老たちの呪咀の恐るべき力の前では、勇猛果敢な戦士といえども防ぐすべを知らない。逆に長老たちの祝福は、何ものにも増して頼もしい。長老たちは、こうした力の幾分かを死者からも得ているのである。

死者

これらの社会にあって、死者とは何か。死者は生者とどのような関係にあるのか。これは、アフリカのサヴァンナや熱帯雨林の諸種族の生活を理解するためには、まず答えられなければならない問のひとつである。これらの種族は、多くの場合、社会集団の結合を支える原理を共通の祖先という観念で表現する。血縁共同体であれ地域社会であれ、社会集団の原型は、祖先を共通にする者たちの結合である。祖先は、こうした面からみれば一種のイデオロギーである。しかし、祖先は単なるイデオロギーではない。祖先は生者より高い位階に属する力として実在し、生者に、すなわち彼の子孫に働きかける。共同体は祖先と子孫、死者と生者の共同体である。死者は依然として共同体の成員である。生者よりも、より大きな力で共同体の運命を形成する成員である。しかしすべての死者が祖先になるのではない。祖先をつくるのは、いわば共同体であるという注目すべき思想がここにはある。死者の魂=力は解放されて、強力な、それ故危険な存在となる。死者の魂は葬儀によって、いったん共同体の外部に追放され、恐ろしい死霊として地上を徘徊するが、やがて別の儀式によってふたたび共同体の成員として迎え入れられる。こうして死霊は祖霊となる。反社会的な人物に対しては、この二度目の儀式が拒否されることがある。そうなると死霊は祖先として共同体に復帰することができず、死霊として荒原や密林を放浪し、ついには消滅しなければならない。

祖先たちは、かつて聖なる社会秩序を築いたひとびとであり、今なおその守護者である。祖先たちはまた、長老が共同体のために心をくだくように、共同体の繁栄と存続のために力を尽す。もっとも彼らは気まぐれであり、時には予期せぬ怒りで人々を困惑させることがあるとはいえ、本質的にはやはり共同体の守護者である。しかし、祖先の存在は絶対的なものではない。祖先と生者の関係はいわば相互扶助の関係なのである。祖先は生者が彼の名前を記憶し、その名前において供物を捧げている間しか存続することができない。そしてまた、いけにえに供せられる肉と、祈りの言葉とは、祖先たちの力を強化する。死者と生者は、互いに支えあって生存している。両者は共同体の欠くことのできない成員なのである。死者との共生への深い感情、死者と生者を包む共同体への帰属意識を示す幾つかの信念がある。たとえば、個体観もそのひとつである。

個体観

人間の本質は力である。この力は複数の構成要素からなっている。複数の要素は整理すれば、肉体・生命・思惟や意志といったものになる。自我を構成する複数の要素は、判断や意向において必ずしも一致するとはかぎらず、種々の軋轢を生じることもある。しかし、結局はいずれかの要素が個人の行為に責任を負うものとされ、個人は統一ある人格（ムントゥ）であることが強調される。自我の位層観ともいうべき、こうした考え方は、ひとが自己の内面に感じる心理的圧力、衝動や価値意識や、更に深い合一感を、どのようにして統一しているかを示すものとして興味深い。個体観は、ひとが世界と社会の中に自己をどのように位置づけているかにも関連してくる。

或る種族の人間たちは、自己のうちにある究極的な力を神の生命力の一片と感じ、他の或る種族のもとでは、再生した祖先が生者のうちに宿る。死者と生者が相寄って共同体を形成するこれらの種族のもとにあっては、典型的な場合には、祖霊のあるものが、胎児が地上の生活を始めるために必要な力＝個性を与える。こうして、祖霊は子孫の生命の中に、いわば再生するのである。子供が生まれると、さまざまな方法で、その子に生命力を与えた祖先の名前が調べられる。その名前が確められ、それが子供につけられると、両者は彼の死に到るまで分かち難く結ばれる。名前はそれ自身、生命力と切り離すことのできない強い力であり、ふたつの運命のこの結合を保つのはその力である。こうして、ひとは自分自身であると同時に或る特定の祖先である。これを神秘的融即と考えることも、血縁共同体における生の体験の表現であると考えることも共に可能であろう。いずれにしても、この場合には、人間を人間たらしめ、個人に個別性を与えるものは、その個人のうちに再生した祖先の霊である。自我は自分のうちに入り込んだ他者であるともいえようか。この魂は、自我の奥底にあって人の思惟と意志を方向づけ、究極的には他の構成要素をも支配する真の自我であるとともに、危険を予知する神秘的な直観であり、個人の運命を支配する守護霊でもある。これは、系譜の中を世代を越えて貫き流れる生命力の認識を示しているのであろう。それはまた、人間がその存在の最も深い根拠を生者と死者の血縁共同体のなかにもっていること、言い換えれば、人間であることがただちに血縁集団の成員であることの意識の完璧な表現である。こうして人間は共同体の運命をなしているものに結びつき、更には、自然の狂奔する生命の背後にあるものに結びつけられるのである。人々は自己の内部にも、世界を構成する諸力のドラマが存在することを感じる。あるいは、小宇宙＝自我を認識することによって宇宙の構造を把握する。

運命

祖霊は本質的に子孫の守護者であり、子孫と相互扶助の関係にある。それ故、守護霊としての祖霊が個人の運命の支配者であるところでは、運命は超越的・絶対的なものではない。人間に無関心な謎めいた世界に結びつけられている自分たちの運命を人間化しようとして、人間たちは努力を続けたのであろう。この努力は、死者との共生によって幾分かは報われたのである。

死者たちは、祖先たちは、あの謎めいた生命の奔流と渉りをつけているのである。ひとはその祖霊を自己の守護霊として自らのうちに宿しているのであるから、祖霊との関係を正しく保つことによって幸運をもたらすことができる。守護霊との関係を正しく保つためには、ひとは社会の秩序を守り、祖先の名前を記憶し、祈りと供物を捧げればよい。祖霊と軋轢なく生きるとは、祖霊が守護する共同体の秩序や伝統と軋轢なく生きることである。社会がまことの生活共同体であるこれらの種族のもとでは、共同体の秩序は個人の行動に対する単なる制限ではない。共同体の秩序との調和は祖霊との合一であり、それは自我における調和の実現である。この調和の感覚は自己の存在の強化として意識される。かくして、共同体の秩序との合一はそのまま自己の幸運のしるしとなるのである。生者と死者が互いに支え合っている共同体からきりはなされるとき、ひとは人間的な力を失なう。それはいっさいの幸福の終焉であるのみならず、人間的生の終焉でもある。こうした考え方を、明確に示している例をみよう。彼らは運命について次のように考える。

誕生する前、ひとの魂は至高神のもとへ行き、地上における一生について希望を述べる。このとき語られた内容がひとの地上における運命となるのである。彼らは、「生前に定められた運命」を表わすために、「語られた運命」という語を用いる。彼らは、人間の個性にたいして鋭い感受性をもっている。個性もまた一種の力なのである。個性の中に、彼らは、社会と自然を、祖霊と神の重さをはかる。人間のうちにある「自然」の一片がそこにある。ひとの個性あるいはその展開としての生涯のうちに、社会が変えることも統御することもできない力を認めている。そこに彼らにとっては不可解な自然が、言い換えれば運命がある。彼らは、この生得の性向を「生前に定められた運命」(以下、単に「運命」という語を用いる)と呼ぶのである。「運命」は個性や才能、あるいは本能的な衝動として働き、ひとに幸運をもたらすこともある。しかし、「運命」が引き合いに出されるのは、ひとが社会生活への適応に失敗したような場合である。そのときひとは「運命」の犠牲者であるとみなされる。社会への適応に失敗するひとは、生得の、自分では意識していない願望によって社会を拒否しているのである。

だが、これらの諸種族のもとでは、「運命」は絶対的なものであるとは考えられていない。ひとは、この「運命」と対抗して働く「良い運命」、つまり守護霊をももっている。すでに述べたように、守護霊との調和は同時に社会への適応の成功であり、それがひとに幸運をもたらすのである。守護霊と「運命」とは、ひとの内面に同居する二つの力であり、それぞれ、ひとのうちなる「社会」ないし、「父」と、ひとのうちなる「自然」ないし「子」を代表しているともいえよう。個人の具体的な生涯はこの二つの力によって形づくられる。「運命」によって不条理な世界に結びつけられている人間は、それに対抗するに共同体をもってするのである。王国が成立し、パンテオンが整備されても、人間は絶対的な運命の前にひざまずこうとはしない。パンテオンの中には、偶然の神ないしは幸運の神が運命の神・必然の神と対峙しているのである。

罪と罰

女には多産を、大地には豊饒をもたらして、共同体の存続を支えるのが祖先であるということ、ここに彼らの楽天的な思想が由来する。個人の運命について言えることは共同体についてもあてはまる。祖先は本質的に子孫の繁栄を望むものであり、その守護者である。それ故秩序が保たれ、自分たちが無視されないかぎり、祖先は社会の繁栄を保証する。逆に伝統が無視され、秩序が乱されるなら、彼らは逡巡することなく、罰としての災厄を下す。原初に創造された聖なる秩序と伝統が守られ、災厄が起こらないかぎり、正義は実現しているのであり、祖先の恵みが生者の日々を支えているのである。黄金時代は過去にも未来にもなく、日々はそのまま《堯舜の世》である。歴史は永遠の現在である。現に存在する共同体の秩序と伝統は、人間がどうすることもできない究極的な現実であると同時に、それらこそ祖先の恵みにささえられたすばらしい現世を維持している力でもある。災厄をもたらすものは常にこの秩序と伝統、この究極の現実にさからう愚かな人間の行為なのである。

ここでは、黄金時代こそ常態なのであり、災厄の訪れはつねに人間の罪が招くものである。このことは個人の運命についてもあてはまる。人生においては、幸福とは力の充溢と繁栄の謂である。そして、力の充溢と繁栄とは、守護霊との関係が正しく保たれていることの徴でしかない。祖先の恵みが人生をささえているのは自然の状態であり、それは善行にたいする報酬ではない。逆に災厄は伝統に反した個人に下される祖先の罰とみなされる。この攻撃的な自然の中で、人間の運命が共同体に委ねられている種族のもとでは、幸福であることは正常なことであり、それは同時に善いことなのである。逆に、不幸であることは常に罪のしるしであると考えられる。不幸であることは異常なことであり、悪いことである。これを貴族主義的な苛酷な思想とみるのは当を得ていないかもしれない。ここでは、不幸であることは共同体への挑戦であると感じられるのであろう。いずれにしても、ひとは自己に襲いかかる災厄にたいして、覚えのあるなしにかかわらず、道徳的な責任を負わねばならない。自分の運命にたいして道徳的責任を負わねばならないというこの体系の苛酷さは、適当なきよめの儀式を行ない、祖霊に祈りと供物を捧げるとともに罪は消え、災厄は去るという楽天的な考え方によってある意味では帳消しにされている。祖先は人間たちに真摯な信仰や帰依を要求する倫理的な権威ではない。彼らが要求することは、伝統に従うことであり、彼らに祈りと供物を捧げることだけである。生者は伝統に従って行動すればよいのであって、胸のうちでそれを罵倒することは、或る場合にはさして問題とはならない。災厄を祓うために供物を捧げて祈った後、もう大丈夫だと思ってこっそり舌を出すようなこともないわけではない。

たいていの祖先は、定められた儀式と呪文の影響を受けないでいることができるほど強力ではない。抜け目のないひとびとは祖先を相手に取引きすらやりかねないのである。善悪についてはどうかと言えば、それは常に共同体の秩序や他の成員との関係について判断される。人間の力を増大させるものは善であり、力を減少させるものは悪である。それ自体として絶対的に善いものや悪いものという観念は発達していない。

権威　世界に働きかけるための強大な力は祖霊であり、祖霊の力が共同体の存続を支えているのである。死者たちの力を生者のもとへと引き寄せるのは長老たちである。そして首長とはまさに長老のなかの長老にほかならない。首長は、これらの種族のもとにあっては、生者と祖先を仲介し、祖先の力を共同体にもたらすものである。言い換えれば、首長は、人間の集団が自然に働きかけ、存続を維持するための力の源なのである。これらのことが首長の権力の性質を根本的に規定する。首長の権力と権威の源が共同体の象徴ともいうべきものであること、また首長の権威は、彼が共同体の繁栄に責任をもつという事実に基づいていること、この二重の意味において、常に主体性を保持しているのは共同体（の福祉）である。ここでは責任の重さ、自然に挑む人間の戦いにおける役割の大きさが、権力と権威の大きさを決定するのであり、世界観は絶対的な権力を支持し裏づけるような根拠は提出していない。

祭儀と芸術

人間が生命力のより高い位階へとのぼり、あるいはそれらの力に働きかけることができるようになる道は、老齢の叡智と死による解放のみではない。リズムも様式も言葉も、人間が自分のたちの力を越える、眼に見えない聖なる力に働きかけるための手段となるのである。それらの手段は死者たちや神々に働きかけるために動員され組織される。こうして儀式が始まる。儀式は、人間たちが神々に、生者が死者に働きかけるためのメカニズムである。太鼓のリズムは時には生者が死者に呼びかける言葉となり、時には死者の言葉を生者のもとに運ぶ手段となる。それぞれの神々は自分のために定められた独自のリズムをもっている。太鼓が鳴る。そのリズムはひとつの聖なる力を招く、あるいはその力をとらえる。リズムは次第に白熱し、踊手のすばやくしなやかな動きをめぐる虚空は密度をまし、緊迫し、ひとつの戦慄が貫く。やがて脱我の痙攣の中で、ひとは聖なる力と合一し、その宿となる。生者と死者の交感、祖霊の到来である儀式にこれらの種族は個人と集団の運命を賭ける。目に見えぬ偉大な生命力がこの一点に集まり、女たちの多産と大地の豊饒が成就され、ひとが生命の充溢の最中で溺れる生の正午、比類なき祝祭。これらの種族のもとにあっては、儀式は社会生活の焦点であり、創造のるつぼであった。ヨーロッパの芸術家たちに抗し難い力を及ぼしたアフリカ彫刻の多くは、この儀式の不可欠の部分としてつくられたものである。仮面を被った踊り手には神々や祖先がのりうつり、彼ら自身神々の列に連なる。彫刻はいわば、人間が己の運命をなす不可視の力をとらえ、それに働きかける手段であった。彫刻はすべて明確なスタイルを備えている。彫刻のスタイルは、聖なる力について種族が培ってきたイメージを表現している。そこにわれわれは人間が願望と愛憎を通してとらえた世界と自己の相貌を認めることができよう。多くの彫像は各部分を明確に強調して表現しつつも全体としての深い統一を保ち、独自の均衡と活力の印象を与えるのである。このスタイルこそ、名前と相俟って彫像の恐るべき力の源泉となるものである。そして、長老たちが唱える祈りの言葉、これこそ最後の、最大の力なのである。これらの言葉には聖なる諸力もほとんど抗することができない。祈りの言葉は多くの場合かつて偉大な祖先たちの時代に実現した秘蹟を語る神話であり、あるいは種族の願望を、死者たちへの訴えをこめた荘重な詩であった。これらの言葉の偉大な力こそ世界に働きかけ、世界を変えるものであった。ここでは詩は、眼前にある何事かをうたうものではない。それはやがて実現すべきことをうたう。それは人間が実現させようと望むことをうたい、それを実現させるひとつの力なのである。

王国

アフリカ大陸に広がった黒人諸種族は、部族の範囲を越えるような政治組織をもたない小規模な社会生活を営むことが多かった。しかし、すべての種族がそこにとどまっていたわけではない。鉄器と焼畑農耕の技術とをたずさえていたこれらの種族は、適当な条件が与えられた場合には、大小さまざまの中央集権的な王国を形成することもできたのである。無数の王国の興亡の物語もまたアフリカ史を構成する主な要素のひとつである。王国は時には帝国と呼ぶにふさわしい規模にまで発展した。この発展の背後にあるのは、鉄製の武器をもつ者たちの軍事的優越、大規模な交易、独自の政治組織などであった。大陸のほとんど全域にわたって興亡した無数の王国の中から、たとえば次のような例をあげることができよう。

まず、サハラ沙漠の南に広がるスーダンの草原に興亡した一連の王国がある。おおよそ紀元八世紀から十五世紀にかけてこの地を次々に席捲したガーナ、マリ、ソンガイなどの王国は、鉄製の兵器と騎馬部隊によって近隣の諸族を圧倒し征服していった。地中海沿岸と南の森林地帯とを結ぶ交易がこれら諸王国の繁栄を支えていた。当時、森林地帯の金を地中海へ、逆にサハラの岩塩を密林地帯へと運ぶ大規模な隊商の群がスーダンの草原を間断なく横ぎっていた。征服した地域の交易にたいする課税が王たちの主要な収入源になっていた。

アラブの著述家エル・ベクリは、『南方アフリカ誌』において、ガーナ帝国の首都について次のように述べている。十世紀、日本では平安時代の貴族文化が花ひらいていた時代であり、ヨーロッパではノルマンディ公ウィリアムが英仏海峡を渡った年からさほど遠くない時代のことである。ガーナの首都は当時、北アフリカのベルベル地方からやってきてニジェール川の中流域地方に達しようとするキャラバンの集散地となっていた。首都は二つの部分に分かれており、片方には回教徒、学者、商人が住み、庭園をもった十二の回教寺院が立ち並び、他の部分には石造りの王宮、法廷、高官の邸宅が並んでいた。王が公衆の面前にあらわれるときは、金で装飾を施した武器を携行し、きらびやかな衣服をまとい、重い金塊を編んだ髪の中に飾って護衛兵や小姓にかしずかれていた。王は、夜どおし数千の小枝をたいた無数の燈火がきらめく中で万余の家臣たちに食事を饗応した。彼は一万四千人の射手を含む二〇万余の軍隊の故に、近隣諸族の畏敬と家臣の服従をほしいままにした。輸出入を管理し、駄獣の積荷に応じて計算される税率によって課税する要職が設けられた。この関税による収入の外に、王はこの時代のもっとも多量の金の鉱床を埋蔵する国土の南方の地域から重要な財源をひき出していた。

交易に基礎を置く西スーダンの古王国にたいして、東アフリカの諸王国は、原住民であるバンツー系の言語を話す農耕民を、北方から侵攻して建国したという伝説をもつナイル型の遊牧民が支配している重層的な征服王国である。この種の王国では、王は物質的にはかならずしも臣下に圧倒的に優越するわけではないが、彼の宗教的な権威は絶対的であった。王は神の子である始祖の系譜をひいており、即位式によって聖なる存在に転化し、国家の儀礼の中心であった。彼の儀礼は先祖の保護と国土の繁栄を保証した。これらの国では、しばしば王は肉体的に衰えてくると、彼に依存している国家の生命力が危機に瀕する前に、臣下の一人の手で殺されるか、自ら毒をあおぐかした。

他方、西アフリカの大西洋岸、ギニア湾沿岸地方の諸王国は、農耕社会の組織の拡大の上に成立している。そこでは神なる王の制度が典型的な形で展開した。王国の繁栄は始祖の力によってもたらされ、その力は代々の王のうちに宿っている。個々の王は、王家の血に流れる力の容器でしかない。

ギニア湾沿岸やコンゴの草原に花開いた豊かな宮廷美術においては、すでに呪術的なものの影は薄れ、かわって装飾と記念碑への指向が優位を占めている。彫像は理想化された自然主義によって、アフリカ彫刻のひとつの可能性を高度に展開している。これらの彫像をはじめてみたヨーロッパ人たちは感嘆したが、アフリカ人が自らの手でそのような作品をつくったとはどうしても信じることができなかった。

第二章　河と首長――ディンカ族

本章では、南スーダンのナイル河流域に住む牧牛民ディンカ族の神話をとりあげよう。神話を記載するに先立って、自然と人間生活の概観を試みておきたい。

自然と生活

牧牛と河

ナイル亜型の黒人種である彼らはしなやかな長身と漆黒の肌、白人に似た彫の深い顔立ちで知られている。牛の大群と、鶴のように一本足の姿勢で休むディンカ族の姿がみられるそのあたりでは、広大で起伏に富んだ草原に小高い森や叢林が点在し、北東に流れてナイル渓谷につながる無数の沼沢や河流が網の目のように地表を細分している。それらの多くは乾季になると干あがり、雨季になると氾濫し、いわばディンカ族の運命を支配している。雨季の氾濫を避けて家屋敷や菜園は小高い丘陵の上につくられる。大家族が住む家屋敷は、中庭を囲む二、三の小屋と家畜小屋からなり、その周囲に二、三エーカーの小麦畑があるのが普通である。この拡大家族は財産を共有し、また共同で畑を耕やし牛を放牧するだけでなく、社会生活のあらゆる側面でその最小単位として機能している。家屋敷が集まって村となり、村が集まって更に広範囲な地域社会である亜部族を形成する。

ディンカは主として牧畜と農耕によって生活しているが、季節の変り目には漁撈も行なう。しかし、彼らの関心の中心を占め、あらゆる側面で生活の焦点となっているのは牛である。牛は富の象徴であり、儀式に際しては人間を聖なる力に結びつけるために欠くことのできない犠牲であり、人間の最上の友であり、それ以上のものですらある。ことに強大な雄牛は偉大な活力の権化である。彼らは自分の所有する牛に果てしない愛情をそそぎ、誇りを抱き、牛を賛美する無数の歌謡をもっている。少年のためには成年式に際して一頭の牛が選ばれ、少年はその牛の名前を自分の名前とする。それ以後、両者は運命をともにすると考えられ、少年が死ねば牛も殺される。彼らは農耕や漁撈にも従事するが、意識においては何よりもまず誇り高い牧畜民なのである。実際にも、牛を放牧するために季節のリズムに合わせてする移動が男達の生活の大半を占めている。

一年は明確に乾季と雨季に分かれる。サハラの乾燥気候が南に広がる十二月から四月頃までが乾季であり、熱帯性の気候が北に広がる五月から十月頃までが雨季である。この季節のリズムは人間生活に深い影響を及ぼしている。

季節の流れ

例年四月か五月になると乾季が終り、干あがった大沼沢地帯に雨が降り始める。わずかに水の残った沼地や川辺にある乾季の放牧地にいた人々は、牛の群を追って各自の村に戻って来る。彼らは久々の雨に濡れて柔かくなった畑を耕やし、穀物の種を播かねばならない。この時期には人々は多くの困難を克服しなければならない。というのは、雨季のはじめ頃の降雨はきわめて不規則で不安定であり、しばしば旱魃がおそっては穀物と家畜の生命を危機におとしいれるからである。耕作に都合よく土地を軟かくする雨も、村の周囲に牧草を繁らせるには不十分なことが多い。そのようなときにはアワールと呼ばれる根の長い草だけが家畜の生命をささえる。

旱魃とたたかい、不安な日々をおくりつつも、ひとびとは七月には播種を終える。その頃になると本格的な雨季になり、沼沢や河流の増水が始まる。畑の世話をする老人や女達を村に残して、男達はもう一度牧牛のキャンプへ出かける。増水は続き、河川の氾濫が始まり、流域の放牧地は一面に水におおわれる。雨季の間、男達は牛の群をおい、まだ水におおわれていない草地を求めて自分の部族の放牧地を巡り歩く。雨季のはじめ一緒にキャンプするのは数個の大家族だけであるが、水位が高くなり、残された草地が少なくなるにつれてひとつのキャンプに集まるひとびとの数は増し、やがて数カ村の大家族が、そして雨季の終り頃には同一の亜部族に属する全ての村々の成員が一つの放牧地に集まる。亜部族は一定の広がりをもつ地域社会であり、政治的な集団であり、それは多くの村々から成っている。しかし、一年の大半は村から離れた放牧地で同一の地域社会に属している人々が共に過すので、政治的な単位は放牧集団あるいは放牧キャンプとして考えられることが多い。地域社会、従って放牧キャンプには必ずそれを代表する血縁集団がある。地域社会の成員はこの血縁集団の成員および、彼らと姻戚関係や友人関係で結ばれている他の幾つかの血縁集団の成員によって構成されているといわれる。一般にディンカの血縁集団＝クランは二種類に大別できる。バニ・クランの成員は聖なる英雄の子孫達であり、祖先であるその英雄の生命力を受継いでいる。聖なる事柄にたずさわる権利があるのはこのクランの成員のみであり、地域社会の宗教的指導者である《漁槍の首長》はこのクランの成員から選ばれる。従って先に述べた地域社会を代表する血縁集団はどこでもバニ・クランに属している。他はキク・クランで、軍槍をシンボルとし、人数のうえではバニ・クランよりはるかに多い。このクランの成員は軍事的な機能を引受ける。キク・クランにも、バニ・クランの中の特定の血縁集団と並んで社会の中核となるべき血縁集団があり、そこから軍事指導者が選ばれる。

十月頃になると雨季が終る。すでにこのときまでに牧夫の幾人かは高地にある雨季のキャンプを離れて穀物を収穫するために村に戻っている。収穫が終り雨もすっかり止み、はるかに高い青空がまだ豊かに水をたたえた大沼沢をおおう頃には雨季のキャンプは解散し、ひとびとは家畜を連れて各自の村へ帰ってくる。村の周囲に放たれた牛たちは収穫のあとに残された麦の葉や茎を食い、ひとびとはつぎの耕作の準備にとりかかる。乾季がすすむと水がひき始め、漁ができるようになる。涼しい北東風の吹くこの秋の季節は、儀式と祝祭の続くときでもある。ビールが醸造され、家畜がいけにえとなり、少年達は成年式を迎える。その間にも乾季はすすみ、水はひき続け、十二月から一月の頃ともなれば村の周辺の草はほとんど枯れてしまう。若者や壮年の男たちは老人を村に残して村を離れ、再び牛の群を追って川辺にある乾季の放牧地へ下って行く。いたるところで川や沼はやせ細り、やがて小さな水溜になってしまう。散在する叢林すらからからに干あがり、一片の生命の色を見出すことすら困難になる。こうして乾季が終るまできびしい放牧と移動の生活が続く。

神と精霊　ディンカの生活の素描の最後に彼らの宗教観念に関する簡略な説明をつけ加えておこう。ディンカは世界のあらゆる事象を二つに類別する。つまりこの世界は《ジョク（力）に属するもの》と《人間に属するもの》とから成っている。これは聖なるものと世俗的なるものの区分に対応すると考えてもよい。

ジョク（力）は一般的に言えば超人間的な力であり精霊である。それは存在の位階では人間より上位に位置するものであるけれども、人間生活に介入し、幸福や災厄をもたらす。ディンカの宗教的な観念や行為は、人間の経験の二つの領域、すなわち人間と超人間的な諸力との関係を調えることを目的としている。ジョク（力）には少なくとも二つの種類がある。ニアリクとヤトの二つである。聖なる諸力の中心に位置しているのはニアリクである。ニアリクは語源的には《空》あるいは《高きにあるもの》を意味するが、《創造主》とか《我が父》と呼びかけられることもある。そのほかニアリクと言う名は《至高神》の意を表わすために用いられることもあれば、《存在一般》の意で用いられることもある。

ニアリクの外に主要なジョク（力）としてはヤトがある。ヤトはそれぞれ独自の特性をもつ聖なる力であるが、それらはニアリクのあらわれであるとも言われる。さてヤトのうちには血縁集団の守護霊となるものがあり、これはいわゆるトーテムに似た面をもっているが、ここでは《クランの守護霊》と呼んでおく。他方、血縁集団とは特別の関係をもたず直接個人と結びつくヤトがあり、これは普通《自由な守護霊》と呼ばれている。

《自由な精霊》は、人間と関係をもとうと思うと病気を起こして自分にたいする注意を喚起したり、ひとにのりうつって彼の口を通じて自分の名前と要求を告げる。それはまた夢に現われて同様の目的を遂げることもある。われわれが憑かれると表現するところを、ディンカは《身体の中に創造主をもつ》《身体に精霊を宿す》などと言う。ひとはある力の宿ないし容器になることができると考えられているのである。たとえば、秀れた占師は自分のうちに宿っている或るジョク（力）にたすけられているのである。

これらの《自由な精霊》をディンカが知るようになったのは比較的新しいことであり、かつてはニアリクとそのあらわれであるデング、および《クランの精霊》しか知らなかったと言われている。《クランの精霊》のうちもっとも有力なのは《漁槍の首長》のクランのそれである。《漁槍の首長》はそのたすけを借りて、地域社会とニアリクの間を仲介する。ニアリクは《漁槍の首長》にだけではなく、すべてのクランの始祖にそれぞれの《クランの精霊》を与えた。ディンカにおいては全ての生命の源泉であり、かつ共同体に生命を附与するのは究極的にはニアリクであるが、これらの精霊はニアリクの代理として、クランの人間と家畜の繁殖を促進する。それらのうちもっとも代表的であり強力なのは《漁槍の首長》のクランの守護霊である《肉》である。《肉》は他の精霊のように人間から離れて存在することはできない。《漁槍の首長》こそ或る意味では《肉》の化身であり、

《肉》は歴代の《漁槍の首長》の血と肉によって運ばれている。それはまずニアリクによって最初の《漁槍の首長》に与えられ、以後父系を通じて首長の一族に継承されてきた。それは《漁槍の首長》の全ての能力の源であり、それによって彼は、「暗い道を照らし」、「真実を予言し」、「祈りによってニアリクを動かし」、「相争う勢力を和解させる」ことができるのである。

ディンカの生活の概観はこれでとどめ、以下では、ディンカの長老達が語り伝えている神話の幾例かを検討してみよう。神話には地方差があり、クランによって異伝があり、同一のテーマについても殆んど無数の変種があるにも拘わらず、後にも述べるように、基本的な構造はそれらに共通である。手もとにある資料によれば、現存する世界のはじまりに関する神話には二つの種類がある。ひとつは天地の分離を説明する神話であり、これは、いわば現に人間をとりまいている天地の生成とそこにおける人間の状況とについて述べている。他のひとつは、ディンカの社会生活の中核であり、共同体の生命の源である《漁槍の首長》の始祖に関するものである。天地分離の神話と比較して言えば、この神話は社会生活の伝統にかかわるものである。

天地の分離に関する神話・神話と解釈

神話A

ずっと昔、天と地は互いにきわめて近接していた。天と地は一本の綱でつなぎ合わされており、ひとびとはそれを伝わって自由にニアリク（以下便宜上、神と訳す）のもとへ行くことができた。その頃には死はなかった。神は最初の男女に、一日当り一グレーン（約〇・〇六五グラム）の小麦を食うことを許した。それ以上の量を栽培したり、搗いたりすることは禁じられていたが、二人にはそれだけで十分だった。地上に住んでいたこれら二人の男女は、そのわずかな小麦を育てたり搗いたりするときに、鍬やきねが神にあたらないように気をつけなければならなかった。或る日、女は許されている量より多くの小麦を植えよう（あるいは搗こう）と決心した。そのために彼女はディンカが現在用いている長い柄の鍬（あるいはきね）をはじめて用いた。そして、それをふりあげたとたんに神を打ってしまった。神は怒ってただちに地上からはるかに遠いところへ去ってしまい、そこから空色の小鳥を放って、人間が神と天に近づく通路となっていた綱を断ち切らせた。「そのとき以来地上はそこなわれた」。人間は必要な食物を得るために額に汗して働き、しかもしばしば飢えに苦しむことになった。もはや昔日のように自由に神に近づくことはできず、神とのこの突然の分離から生じた死と病いとは人間の宿命となった。

神話B　誰も知らない悠久の過去から大地は存在していた。しかし未だ光はあらわれず、原初の果て知れぬ闇の深みに相接している天地を見分けることはできなかった。この闇の中で神は人間を創造した。神が最初につくった男はアルー・パベクと呼ばれる。神はアルーを柵囲い（あるいは堤）の中に閉じ込めたり、そこから出したりしていた。アルーは縄をなった。神は闇の中に居ることに気がつくよう彼に眼を与えた。アルーは自分のなった縄で獣を捕え、その前肢を神の妻に与えた。そこで彼女はアルーに何か報酬を与えるよう神に進言した。神がアルーに何が欲しいかと尋ねると、彼は「父よ、この世が見えるよう小さな隙間が欲しい」と答えた。神はこの願いを拒んで、かわりに槍を与えたがアルーはそれを断わり、結局斧を受取った。それからアルーは斧を振りあげ、「二つに分かれろ、明るくなれ」と言いながら大地を打った。すると一部は上へ昇り、他の一部は下へ降りた。こうして天と地は分離した。「何故こんなことをしたのだ、今後お前は囚人だ」神はこう言ってアルーを突きおとし、地上にとじこめた。それから神は人間のために一筋の道をつくり、その途中に葦の垣をとりつけた。ひとが道を歩いてきて葦に触れると神は漁槍で頭を突いた。「通れるなら通るがいい」と神はそこに待伏せ、人間を殺し続けた。

ひとびとはアルーの所へ集まって彼に訴えた。「このままではわれわれは皆殺しになってしまう。どうしたらいいんだろう」。「心配しなくてよい、私が行ってみよう」アルーは立ち上り、石を拾って頭にのせ、漁槍をもった神が待伏せている場所へ出かけて行った。神はいきなりアルーの頭を突いた、だが槍の先きは石に当ってまがってしまった。神は「彼を直させねばなるまい」と独語し、アルーの首をつかんで、「何故人間のような恰好をしているのだ」と言った。

神話C

創造主は人間を東方の地、タマリンドの木の下で造った。それは大河の岸辺であったと言う人々もいる。最初に造られた二人の人間は、アブクとガランだった。創造主は彼らを粘土で非常に小さく造って、壺の中に閉じこめた。彼らの身の丈は現在の人間の腕の半分程しかなかった。やがて神が壺を開けると二人は立ち上り、完全な成人となっていた。夜明け、成長したガランは槍（ペニス）をもっていたし、アブクの胸は大きく豊かだった。そこで二人は結婚し、やがて数人の子供が生まれた。創造主は二人に言った。「お前達の子供はいったん死ぬが、十五日すれば生き返るだろう」。しかしガランはこれに反対した。「もしひとびとがみんな生きかえるなら、人間の数は多くなりすぎ、家を建てるための土地すらみつからなくなるでしょう」。

神と創造

異なる部族に語り伝えられている神話をこうして集めてみると、ディンカの創世神話に共通の要素がどのようなものであるかが明らかになる。これらの神話にはニアリクが人間の姿で登場する。しかし、ディンカにとってニアリクが常に手足を備えた人格的な存在であると考えることはできない。ニアリクは凡そ世界にある全てのものの存在を支えている力であり、生きとし生けるものの生命の源であり、また予言や治癒の能力など人間に備わる不可思議な能力は全て彼に由来する。ディンカはニアリクに《創造主》、《わが父》などと呼びかけることもあるが、存在するもの一般を指すためにニアリクという名前を用いることもある。ニアリクは《創造主》である。しかし、ここでディンカが創造すると言う語に含めている意味を理解しておく必要がある。ディンカは創造することと産ませることとを常に関連させて考える。彼らは、全ての人間の生命の源としての神を常に父のイメージで描く。創造するとは生命を与え、それに伴ってさまざまな特性を与えることである。女の胎内に子供が宿るためには、男女の性交だけでは不十分であり、ニアリクの創造的な働きが加わらねばならない。不妊はしばしばニアリクが協力を拒んでいるためであるとされる。等しく創造主であるといっても、ニアリクは、自らの意志で無から世界を創り出した旧約の神とは明らかに区別されねばならない。これらの神話にあっては、天地は常に既存のものとして前提とされているのである。創造自体については、神話は殆んど何事も語らない。ニアリクは陶工のように粘土から人間を作ったという神話もある。しかし、この場合にもディンカが重点を置いているのは創造の行為そのものではない。ニアリクが粘土で人間を作ったというときディンカが主張しようとしているのは、人間生活においてつくられたものは全て製作者に属するように、人間はニアリクに属するということである。このように創造ということは、これらの神話の中心に位置するものではない。これらの神話の主題、これらの神話の意味そのものは天と地の分離の物語である。

天地の分離

アフリカの他の多くの種族と同様、ディンカにおいても天と地の分離は同時に、根源的な超人間的な力（神）と人間との分離をも意味している。分離以前の状態はニアリク（神）の庇護のもとにある安全ではあるが、やや窮屈で不自由なものと考えられている。神話Aにおいては人間は鍬やきねを振るにも細心の注意をしなければならなかったし、神話Cにおいては壺の中に閉じ込められている。またこれらの外にも、最初祖人は天にある壁の中に閉じ込められていたが、その壁の一部を喰い破ったので、ニアリク（神）は祖人を地上へ追いやったという内容の神話もある。こうした安全ではあるが窮屈で不自由であるというイメージに、更に神話Bにおける如く、闇あるいは盲目という要素が加わることもある。これは母の胎内のイメージに通じるのではないかと考えることもできよう。いずれにしても、或る事件を契機とする天と地の分離は同時にニアリク（神）と人間の分離ともなり、それとともにこれまでの安楽な状態は失なわれる。人間はそれまでもっていなかった自由と独立を獲得したが、同時にそれまで知らなかった死と苦しみをも与えられた。しかし天地分離の神話の根底にあるものは、けっして楽園喪失の深刻な悔恨ではない。分離の後の状態、すなわち人間の現状はむしろ端的に肯定されている。人間の自由や独立が母の胎内の安逸とは両立しないものであるといったような現実の認識はあるが、道徳的な意味づけ（原罪の観念等）はみられない。こうしたことは神話の内容を具体的にたどることによって一層明らかになるだろう。まず、天地分離の原因となったとされている事柄は人間の基準からすれば罪と言えるほどのものではない。ディンカはたとえば神話Aにおける女の行為を貪欲であるといって責めることはしない。それはより多くの生命を養うためのより多くの食糧の生産という願い、すべてのディンカが抱いている願いに基づくものであり、当然の、あるいはせいぜい止むを得ない行為である。こうした行為が原因となるのであれば、天地の分離は人間が創造された以上必然的な過程と考えざるを得ないだろう。しかもそれは堕落の過程などではない。天地分離の神話をこのように解釈することは次のような事実によっても支持される。

父と子

すでに述べたように、ニアリク（神）は父のイメージを与えられている。ディンカは神と人間の関係を父と子の関係との類比によって理解する。神も父もともに生命の源であり、守護者である。神や父による守護は守護されるものの服従を要求する。やがてこの状態は被守護者にとってわずらわしくなる。そして或る緊張関係の後に独立が獲得され、かわりにそれまでの守護は失なわれる。ディンカの社会において父と息子の間に緊張関係が生じ、やがて息子が独立するのは、彼が結婚するときである。神話Cにおいては神と人間との分離は明らかに祖人の性的成熟と結婚を契機としている。こうしてニリアク（神）と人の分離は、家族生活における父と息子の分離と同一の型の出来事としてとらえられている。

夜明けのイメージ

天地の分離は神話の中では世界の最初の夜明けとして描かれることもある。ディンカ語の《ピニ・アシ・バク》は文字通りに訳すと《世界は分離した》となるが、実際には《夜が明けた》という意味で用いられる。神話Bにおいては祖人の名前は《夜明け》という語を語幹としている。そこでは、現在かくも截然としかも互いにはるかに遠く離れて存在している天と地が、かつては一体をなしていたか、あるいは少なくともきわめて近接していたことが物語られている。天地の分離は、渾沌が分離して双極の備わった秩序ある現在の世界が生じたことを意味している。ここでは分離と秩序とが不可分のものと考えられている。

女

世界の秩序の確立についてのこの考え方は、神話における女性の働きを媒介としてディンカの社会像ときわめて密接に結びつけられているのである。一夫多妻の多くみられるディンカの家族生活にあっては、異母兄弟間の対立は同一の父につながるという統合意識に反する分離の力として常に働いており、またそれらの妻のそれぞれが新しい血縁集団の始祖となることも多い。ディンカの社会は分節構造をもっており、ひとつの血縁集団は、その内部が対等の立場にある複数の集団に分かれており、こうしたことが幾つかのレベルで繰り返されている。そこでは統合と分離は表裏をなすものであるが、女はしばしばそうした分離の起点となるのである。神話においても、天地の分離には何らかの形で女が関与していることが多い。たとえば神話Aでは鍬かきねでニアリク（神）を怒らせたのは女だったし、神話Bでは、ニアリクの妻の進言によって祖人は斧を与えられ、彼はその斧で天地を裂く。ここでもまた分離と秩序・統合が表裏をなすという、世界像と社会像の共通の型を見出すことができる。しかも神話意識において両者が関連していることは、神話と社会生活において女性の果たす機能を比較することによって明らかになった。

双極論

これらの神話の背後にあるのは本来の意味の二元論ではない。元来一つの渾沌であったものが分離し、それぞれの部分（たとえば天と地）は新しい秩序の欠くことのできない要素として、いわば一つの全体の双極をなしているのである。現存の秩序の生成においては、相争う二原理の一方が他方を打負かすという形ではなく、二原理がひとつの秩序に組み入れられてそれぞれの場所を得るという形をとる。これは二元論というよりも、存在するものは常に相異なる両面をもっているという認識の表現であると考えるべきであろう。

知られざる神

これらの神話には、ディンカの神観念ともいうべきものの或る側面があらわれている。天地分離の後は、いいかえれば現在の世界では、ニアリクは人間からはるかに遠く離れて存在している。しかし、このときディンカが強調するのは、ニアリク（神）が直接人間の生活に介入しないということではなく、むしろニアリク（神）の意志あるいは判断が人間の理解を越えているということである。たとえば天地分離の直接の原因となった事柄は人間の判断からすれば些細なことないしは止むを得ないことでしかない。それに対するニアリクの反応は人間の基準では理解できない。同様のことは他の場合からも明らかである。ディンカはなんらかの特異性をもっていて、彼らに強烈な印象を与えるものは全てニアリク（神）に属するものであると考える。また人間の尺度では理解できないこともニアリク（神）に帰する。どんな場合でも「ニアリク（神）がしたことだろう」と言われたら、それ以上の質問は無駄である。

このように理解するなら、天地分離の神話はディンカの世界認識そのものであり、種族の全ての成員が共有する体験そのものである。生活の様々な局面にみられる共通の構造が天地分離という神話的イメージの中に凝集されている。それらの局面とは、闇に包まれた渾沌の中から天地が各々の姿をあらわす広大なサヴァンナの夜明けであり、父からの息子の独立であり、多妻ないしそれらの子供である異母兄弟による家族の分裂であり、あるいはおそらく暖かく暗い母の胎内からの脱出といったものである。そしてこれらに共通の構造とは、独立を得ることによって失なわれる安楽、分離を通して秩序づけられ統合される世界といった事象の両面性にほかならない。ディンカの男達の野心と不安の焦点である女——多産によって一族に繁栄をもたらす可能性とともに、不妊によってその将来をあやうくする可能性をも秘めるものであり、家族を分離するものであるとともにばらばらの血縁集団同志を結びつける力であるといった女の二面性も神話の中で中心的な働きをしている。この世のはじまりのときにおいても人間は現在におけると同様に活動的であり、束縛を厭い、自分の意志を簡単にはまげない。しかし、人間は自己の力を超え統御できない力とわたりあいながら生きねばならない。世界に起こることは常に人間の尺度ではかれることばかりではない。人間の力にたいする自信と誇り、それと対照的な無力感、ディンカにおいては

神話と生活

この両者のいずれか一方が他方を駆逐してしまうことはない。彼らにとって祈りは無力な人間の訴えであると同時に、聖なる諸力を動かす力をも秘めている。ディンカの用いる比喩によれば、人間は同時に雄牛でもあれば虫けらでもある。それにもかかわらず、神話のイメージはこうした世界を統一ある秩序として把握することをたすけ、人間の体験に根源的な統一を与えているのである。

最初の首長の出現・神話と解釈

これまで述べてきた天地分離の神話とは別に、社会生活の起源についての神話もある。それは初代の《漁槍の首長》の出現をめぐる神話であり、社会生活においてきわめて重要な機能を果たしている。この種の神話の中には部族や氏族の実際の歴史に関する伝承も織り込まれているが、本書のテーマと直接の関係はないので全て省略し、《漁槍の首長》に関する部分だけをとりあげることにする。《漁槍の首長》がディンカの宗教的・政治的生活において占める重要な位置についてはすでに触れたが、これから述べる神話によってそれがディンカの世界でもっている意義を明らかにすることができるだろう。

神話A　大昔には、ライオンはよく大勢集っては踊ったものだった。或るときジールと呼ばれる一人の男がライオン達の踊りをかたわらで見物していた。一頭のライオンがジールの腕輪に目をつけて「くれ」と頼んだが彼は断わった。するとライオンはいきなりジールの親指を切りおとして腕輪を奪った。このためジールは年老いた妻と一人の娘を残して死んだ。彼には息子はなかった。後に残された妻は悲しみのあまり河のほとりへ行って泣きながらたたずんでいた。そこへ《河の力》が現われて彼女に何故泣いているのかとたずねた。夫が死に、しかも息子がないという彼女の答えをきくと、彼は、河の中に入って来て、スカートを持ちあげ、波が彼女の体の中へ入れるよう手でかき寄せるようにとすすめた。それが終ると彼は女に槍を与え（女が持っている槍は男児を生んだしるしである）、彼女は男の子を宿したからできるだけ早くうちへ帰るようにと注意した。女は《河の力》に食糧としてもらった魚と例の槍をたずさえてうちへ戻った。間もなく彼女は男の子を生み、エイウェルと名づけた。彼は生まれたときから歯が完全に生えそろっていた。（これは卓越した宗教的能力があるしるしであるとされている。）エイウェルがまだほんの赤ん坊であった頃のことである。母は眠っている彼と姉を小屋に残してちょっと外出した。彼女が戻ってみるとひょうたんに一杯あったはずの牛乳がなくなっていた。彼女は娘の仕業と思いこみ、飲まなかったと言い張る娘を罰した。ところが同様のことが再び起こったので、或る日、母はエイウェル一人を残して外出したふりをして物蔭から様子をうかがっていると、エイウェルが起き上ってひょうたん一杯の牛乳を飲みほしてしまった。母がエイウェルに牛乳を飲むところを見たと言うと、彼は彼女がもしそのことを他人に喋ったら死ぬだろうと警告した。その後母は誰かにそのことを喋り、エイウェルが言ったとおりただちに死んだ。そこで彼は母方の人々のもとを離れ、しばらく河の中で父である《力》と一緒に暮しそこで成長した。成人すると彼は河から出て一頭の雄牛を連れて村へ戻ってきた。その牛の毛はひとに知られている限りのあらゆる色を含んでいたが、主調をなすのは雨雲色だった。その雄牛の名はロンガーだったのでそれ以後エイウェルもロンガーという名で呼ばれるようになった。

その後エイウェル・ロンガーは父のものだった牛の世話をしながら村人と一緒に生活した。ちょうどその頃その地方は旱魃におそわれ、人々は家畜の群を連れ僅かな水と草を求めて一面の枯色の中を遠くまで出かけなければならなかった。村中の家畜が飢えと渇きで痩せおとろえ、死に瀕しているのに、エイウェルの家畜だけはまるまるとふとり、毛並みも美しく生き生きとしていた。そこで村の若者たちは彼がどんなところで放牧しているのかこっそり調べることにした。若者たちがうかがっていると、エイウェルは村の外の放牧地へ出かけた。そこに生えているアワール草を一摑み彼が抜くと、そのあとの穴から滾滾と清水が沸き出た。エイウェル・ロンガーは若者たちがスパイしていることに気がついていた。彼らは村に戻って見てきたことを村人達に告げたとたんに皆死んでしまった。それからエイウェルは長老達を呼び集めて、このまま時がたてば家畜は死に絶えるから、移動を開始すべきであると提案し、彼らを限りない牧草と水のある場所、人はみな不死であるという希望の地に導くことを約束した。しかし長老達は彼の提案を受け入れず、エイウェルは一人で出発した。ニアリク（神）はエイウェルと人々の間に山や河をおいた。（エイウェルの提案を受け入れなかった村人達も結局彼にしたがうことを望むようになるのであるが、その事情は説明されていない。）そしてニアリク（神）は人々がどうしても渡らなければならない川に簗を仕掛けた。

(現在でもディンカは魚をとるために葦の簗を川に仕掛ける。魚が触れると葦がゆれるので、そこをねらって漁槍で突く。) エイウェルは対岸に槍をもって待ち伏せ、人々が川を渡ろうとして葦に触れ、葦がゆれるとただちに槍で頭を突いて殺した。

こうして次から次へとひとが殺されるので、アゴティアティクという名の男が人々を集めてひとつの策略を提案した。彼の策略というのは、牛の肩胛骨《けんこう》を長い棒の先きにしばりつけ、誰かがそれをもって川の中に入りその骨で葦にさわるということだった。彼らはこの策略を実行した。アイウェルはひとの頭と感違いしてその骨に槍をさしこみ、槍は離れなくなった。その間にすばやくアゴティアティクは水をくぐって対岸に泳ぎつき、背後からアイウェルに組みついた。長い格闘のすえ、アイウェルは疲れ果てて譲歩することにした。彼はアゴティアティクに命じて、「もう安全だから川を渡ってきて二人のまわりに集まれ」と呼びかけさせた。或る人々はそのときすぐ川を渡ってきたが、他の人々は恐れて来なかった。すぐに来たひとびとにアイウェルは、祈りに用いる漁槍とともに、漁槍を用いて聖なる諸力を呼びよせる能力、つばを吐いて祝福する能力、呪いをかける能力等を与えた。それのみならず、更に守護霊である《肉》をも与えた。それから彼は生きている空色の雄牛の大腿骨を切りとって《クランの守護霊》として与えた。アイウェル・ロンガーからこれらの贈物を受け取った人々は現在の《漁槍の首長》のクランの始祖となった。

呼ばれたときすぐに来なかった人々は戦士のクランの始祖となった。

アイウェルは槍とともに自分の力を与えた後、アゴティアティクをはじめ《漁槍の首長》達に、

「今後お前達はそれぞれの地方の人々の生活を守らなければならない。私は人々のもとを離れ、彼らの生活には関与しない。ただ、お前達だけでは解決できない問題が生じたときにはたすけに戻ってこよう」と述べた。

神話B　はるかな太古の時、人間たちは河の中で暮していた。はじめて河から出たのはニアリク（神）の長男ロンガーであった。他の人々が彼のあとについて葦の間を通り抜けて河から出ようとすると、ロンガーは槍をもって岸に待ち伏せていて彼らの頭を突いた。河の中にはアジークという名前の男がいた。彼は真中の息子だった。アジークは言った。「このままではひとり残らずロンガーに殺されてしまうだろう。だが私にいい考えがある」（ここで神話Aの場合と同様にしてロンガーが捕らえられる）。

ロンガーは人々を呼び集めて、彼の祈りの言葉を繰り返して唱えるよう要求した。その通りにした者達はたちまち死んでしまった。集まった人々の中にアドヒューと呼ばれる男がいた。彼は河の中で最後につくられた息子だった。アドヒューは今度は自分がロンガーの祈りの言葉を繰り返して唱えてみようと名のりをあげた。アジークは死ぬにきまっているのだからと思いとどまらせようとしたが、アドヒューはその忠告を聴き入れなかった。こうして彼は祈りの言葉を唱えたがまったく平気だった。ロンガーは困惑して他の試練を考え出す。彼はアドヒューの足を漁槍で刺して大地にはりつけ、牛の肉とあばら骨を首のまわりにぶらさげた。そうしておいて彼はアドヒューが死ぬようにと祈った。ロンガーは幾日も祈り続け、アドヒューをおおっている肉は腐ったがそれでもなお彼は死ななかった。七日七夜祈り続けた後なおアドヒューが生きているのを見たロンガーはついに槍を抜いて彼を解放し、胸や頭から腐った肉を取り払った。「アドヒューよ、私は祈り疲れてしまった。もし今夜私が眠りにおちるようなことがあったら是非起こしてくれ」。その夜、アドヒューはロンガーが深い眠りにおちるままにしておいた。ロンガーはいけにえにするために八頭の牛を連れてきていた。ロンガーが眠っている間に、アドヒューはそれらの牛を全部殺して、屍体のさまざまな部分から肉片を切りとって隠しておいた。翌朝ロンガーは目覚めて牛がいなくなっていることに気がついた。「私の牛はどこにいるのか」とロンガーが尋ね、アドヒューは「私が殺しました」と答える。ロンガーは更に尋ねた。「全部の肉をまぜこぜにしたか」、アドヒューはまぜていないと答えた。するとロンガーは、「アドヒューよ、何ものもお前を殺すことはできないだろう。お前は知慧のある男だ」と言った。ひとびとが集まると、ロンガーはアドヒューに各人に肉を一片ずつ与えるよう指図した。アドヒューは言われた通りに肉を分配したが、自分のために肉を隠していることは黙っていたので、ロンガーもそのことには気がつかなかった。そこへアジークがやってきて、人垣の外に立って次のような歌を歌った。

すべての人々のうちでとりわけ
クァク部族はロンガーの言葉を心にとめた
私の父はデングに見棄てられた
彼は棄て去られ生命〔の息吹〕を失なった

私の父はデングに祈り、アブクに祈ったクァクの息子達は招かれて彼らの首長ロンガーに祈った。ロンガーは、「あれは誰か、そして彼が歌っているのは何か」と尋ね、それからアジークを呼び寄せた。アジークはロンガーの祭壇でいけにえにするための白い子牛をともない、きよめの儀式に用いるミルクの入ったひょうたんをたずさえてロンガーの前に進み出た。ロンガーは他のひとびとを周囲に座らせておいて、アジークに問うた。「それでは、アジークよ、お前はロンガーの言葉を心にとめたのか」。アジークがその通りだと答えると、ロンガーはいけにえにした牛の後足を持ってこさせて彼に与えた。

その夜、アドヒューは隠しておいた肉片をロンガーのところへ持って行って、「父よ、ここにもまだ何かがあります」と言った。するとロンガーは「お前は私を疲れ果てさせた。お前は私が肉を与えたひとびとのうちで最も強力な者となるだろう。そして、私自身がお前を害するために祈っても効き目がないだろう」。こうしてアドヒューは《漁槍の首長》となり、ひとびとは彼とともにその地にとどまった。土地は肥沃だったし、社会生活の秩序はよく保たれた。まったくその通りだった。漁槍と肉をひとびとに分配したのは偉大なロンガーだったのだから。

神話C

エイジン・ノイは豪勇の戦士である。彼は好戦的で日々殺戮を重ねていた。そのため彼の父は彼をわずらわしく思って、殺人鬼シコムのところへ煙草をとりに行かせた。エイジンはシコムに会いに行ったが留守だったのでシコムの妻に挨拶した。すると彼女は夫がきっとエイジンを殺すだろうといって彼が来たことを悲しんだ。彼女が「父と争ったのか」とたずねると、彼はそんなことはないと答えた。シコムの妻は夫が戻る前に立ち去った方がいい、しかしいずれにしても夫は彼のあとを追って殺そうとするに違いないと言った。それから彼女はエイジンに次のように告げた。「あなたがしばらく行くと河のほとりに出る。そこであなたは夫に会うだろう、夫は河を渡るように命じ、あなたが水の中に入ると槍で首を突いて殺すだろう」。それから彼女はエイジンに槍を避けるための雄牛の肩胛骨を与え、その用い方を教えた。

帰途エイジンはシコムの妻の言った通り川のほとりでシコムに出会った。シコムは彼に何故やってきたのか問い、彼は父のために煙草を取りに来た旨答えた。シコムは更に次のように語りかける。「ここには煙草はないが、もし父のもとへ帰りたいのならこちらへこい。そうすれば無事に帰れるよういけにえを捧げ、祝福をさずけてやろう」。

エイジンはシコムのところへ行くために川の中へ入る。シコムの妻が教えてくれた通り、肩胛骨を前に持ち上げて進むと、果してシコムはそれを槍で突く。エイジンが無事で川から出てきたのを見てシコムは驚き、そして言った。「父上とうまくいってなくて気の毒だ。しかし今やお前はニアリク（神）の加護のもとにある」。シコムは更に、父のもとを離れてどこかよその地へ行って暮らすようにとすすめた。

シコムと別れたエイジンは父の放牧キャンプへ戻り、若者達を集めて自分が父のもとを離れることを告げ一緒に来る者をつのる。このときエイジンと共に出発したひとびとは今日トウィ・ニャンの地方にみられる諸クランの始祖となった。彼らが出発したときエイジンの父の放牧キャンプはナイル河の東岸にあった。シャムベの地でナイル河の水辺に出たとき、人々は水が二つに分かれて彼らの通る道ができるようにと祈った。祈りは聴き入れられて彼らは無事に河を渡った。エイジンの父は彼らが出発したことに気づいてあとを追ってきた。その途中、彼はリスをみつけて殺し、その腸をとった。川岸についたとき彼はエイジンの一行が対岸にいるのを見たが、道はなく河を渡ることができなかった。彼は息子にむかって呼びかけた。「もし私の身内のものを連れて去るのなら、彼らを乾いた土地へは導いてくれるな、必ず《魚鷲》の鳴声の聞える土地へ行け」。彼は更に続けた。「お前の子孫は私がとり出したこのリスの腸のように増えるだろう。だがそれからは、お前の一族は私が今手でこすっているリスの腸のように縮少して行くだろう」。

（このあと神話はシクの地を旅するエイジン達一行のことを物語る。シクの地で、彼は踊っているとき非常に美しい少女を見初めて、その夜彼女の小屋で会うところまでこぎつけた。彼女はどの小屋にいるかを彼に知らせるために小屋の入口から手をのぞかせておくことにした。エイジンの連れのものが彼女の美しい腕輪を見つけて、腕を切って腕輪を奪ってしまった。このために、シクの人々とエイジンの一行の間に争いが起こった。エイジンとその連れの若者達はシクのひとびとの家畜を奪って逃げ出した。それから彼らは土の塚をつくることで知られているベル・アジュと呼ばれる人々に出会った。エイジン達は彼らの家畜も盗んだ。更に旅を続けて一行はメシュラ・エル・レクの近くに着いた。神話は更に次のように語る。）

エイジンはこの旅に二人の姉妹を連れてきていた。メシュラの近くの或る河が非常に深く、渡りかけていた家畜がおぼれそうになったので、エイジンは道を開くために姉妹の一人をいけにえにした。唯一人とり残された方の女は姉妹の死を嘆き悲しむあまり、ただ一人で立去ってしまった。彼女の子孫たちはクァク部族と呼ばれている。

神話D

エイウェルの父は《単独者》と呼ばれ、母の名はアシエンといった。彼女はエイウェルを河の中ではらんだ。ニアリク（神）は河の中で幾人かの人間をつくり、そのうちにエイウェルもいたのである。彼は河から出てきて、「私は首長になろう」と言った。それから彼は三人の男に食糧をとってくるように命じて太陽のところへつかわした。太陽の妻は夫に焼き殺されるといけないから小屋にかくれて日光を避けるよう彼らにすすめた。二人は忠告に従って小屋にかくれたが、一人は外に立っていた。太陽は河から出てきて、小屋の外に立っている男を焼き殺した後、自分の力を示すために死骸に水をふりかけて生き返らせた。彼は小屋の中にかくれていた二人の男を呼び出して、小さな壺に一杯のオートミールかゆを与え、これはいくら食べてもなくならないのだと言った。太陽はそれをエイウェルのところへ持って帰れと命じた。

エイウェルは持ち帰られたかゆの量が少ないと文句を言った。実際にはそのかゆはいくら食べてもなくならなかったのだが。太陽は彼らに、「そのかゆをなくなしたり、粗末に取扱ったりしたら私はお前たちを殺してしまう」と脅した。

やがてエイウェルはかゆに飽きて河の中へ投げ込んだ。それから彼は河の中に葦の簗をつくり、河を渡って自分のところへ来るよう人々を呼んだ。彼らが河を渡り始めると、エイウェルは漁槍で頭を突いて片端から殺してしまった。さて河を渡ろうとしている人々の中にエイウェルの娘の恋人がいた。娘は恋人にひとつの策略をさずけた。それはクウォク（円板状に草を編んだもので、女がかめを頭に乗せて運ぶとき用いる）に石を載せ、それを先にして葦の中を横ぎることだった。男がその通りにすると、エイウェルは人の頭と感違いしてクウォクを突き、槍先は石に当って折れてしまった。男は無事に岸へたどり着き、すばやくエイウェルをとらえ、その間に他の人々も河を渡った。

男がエイウェルをはなすと、彼は男にこの策略を誰に教えられたのか問うた。男は「私が自分で思いついたのだ」と答えたが、エイウェルは、「そんなことができるはずはない、娘のアトンに教わったのだろう」と言い、娘をとらえて槍で突き殺し、男に埋葬するよう命じた後、更に次のようなことを告げた。「これからさき、いつかお前が窮地に陥ったら、私の娘にむかって、アトンよ、エイウェルの娘よ、われわれを救ってくれ、とだけ言えばよいのだ」。そして男に娘を突いた槍を与えた。

その後、ボルから来た男がエイウェルの娘の一人を誘拐した。彼はただちに男のあとを追うが、途上の地方は旱魃の最中で、連れの者達は渇きをうったえ追跡は手間どった。そこでエイウェルが一束のアワール草を抜くとそのあとから清水が湧き出て、彼らは渇きをいやすことができた。エイウェルはそこに連れの者達を待たせておき、小さな子供に変身して娘のいるボルの放牧キャンプへ単身出かけていった。キャンプにつくと彼はたちどころにもとの大きさになった。彼は《漁槍の首長》だったから頭髪は並はずれて長かった。彼の頭髪は死霊を想わせるほど長かった。彼が到着するとすぐに豪雨が降った。ボルの人々はエイウェルにキャンプの掃除をさせ、まずい牛乳をのませた。

（その後さまざまの事件があり、それらは史実に関連があり、この地方の《漁槍の首長》の一族の移動の跡や内部の親族関係について多くを明らかにするものであるがここでは省略する。いずれにしても、ひどい待遇に腹を立てたエイウェルはその後雨を止めてしまい、娘の夫と子供達をいけにえにして再び雨を降らせた。彼は彼らの頭を串刺しにしてあぶった。それから彼は娘に河へ戻って別の夫、いいかえれば、彼や彼を産んだ《力》のような夫を見つけるようすすめた。その後、彼はボルの地に幾人かの《漁槍の首長》を残して故郷に戻った。この神話の最後の部分は以下の通りである。）

家に戻るとエイウェルは皆に言った。「かゆを河に棄てたので太陽に殺されるかも知れないから戸外には出ない」。彼は昼間は小屋に閉じこもっており、夜だけ外に出た。太陽は月に話しかけ、月に漁槍を与えて頼んだ。「エイウェルは昼間はいつもかくれているので私は彼に危害を加えることができない。夜中に彼が出てきたらこの槍で彼の頭を突き刺して欲しい」。月は太陽の頼みを承知した。夜中、エイウェルは月の槍で大地に釘づけにされ、動けなくなった。彼のキャンプの者達が彼のまわりに集まってきた。彼らはエイウェルをおおうように一軒の小屋を建て、その中に彼を埋葬した。その場所はプオムにあり、たくさんのアコクが生い茂っている。こうしてエイウェルは死んだが、子供達のために漁槍をもって祈り聖なる諸力に働きかける能力と《クランの守護霊》とを残した。

神話と生活

神話はそれ自身で完結した独自の認識と表現の体系であり、それを完全に他の表現方法に翻訳することはできない。そのことを認めたうえで、これらの神話に若干の注釈を加えてみよう。人々の生活と関連させてみれば、これらの神話も幾分かはわれわれにとって理解しやすいものとなるかも知れない。生活と認識の緊密なかかわり合いという点ではこれらの神話も例外ではない。

聖なる力

ディンカは自分達の生活に大きなかかわりのあるあらゆる事象の中に、あるいは、自分達に強烈な印象をあたえるあらゆる事象の中に聖なる諸力の働きを認める。世界の本質であるこれらの諸力に彼らは深く鋭い感受性をもって対している。これらの諸力は人間にとって究極的には不可解なものであり、それらの働きは人間の統御の外にある。それだから彼らはとりわけ自分達に理解できない不可思議な事象の中にこそ聖なる力の臨在を感じとるのである。

漁槍の首長

人間の運命は究極的には不可解な諸力の手中に委ねられている。しかし、ディンカに厭世的な不可知論をみるのは正確ではない。ここに《漁槍の首長》のもつ重要な意義がある。彼だけは彼の一族に始祖から伝えられている神秘的な能力によって聖なる諸力に働きかけることができる。人間は自分をとりまく世界にたいして完全に受身の立場にあるのではない。

彼らには《漁槍の首長》を通して世界に働きかける道が残されている。

すでに述べたように、それぞれの地縁共同体は自分の放牧地をもっており、男たちは一年の大半をそこで牛を放牧しながら過ごす。こうした放牧キャンプの中央には《漁槍の首長》のクランの者達がおり、彼らの団結が放牧キャンプの、いいかえれば地縁共同体の統合の中核をなしている。《漁槍の首長》は並はずれて強大な生命力の持主であり、彼のまわりに集まる人間達はおのずとその恩恵に浴することができるほどである。彼は祈りによって聖なる力を動かすことができ、また誰よりも鋭く事象の真相を見抜くことができる。過去・現在・未来を問わず彼の言葉は常に真実を照らし出す光なのである。彼は雨を降らせるために祈り、人間と家畜の多産のために祈り、病人を癒すために祈る。《軍槍の首長》に指揮される屈強の戦士達ですら《漁槍の首長》の祈りなしには戦闘で勝利をおさめることはできないと考えられている。一般的に言えば彼は強大な生命力と深い智慧とを兼備した壮年あるいは老年の男である。

こうした《漁槍の首長》がディンカの世界像の中でどのような意義をもっているかをこれらの神話は如実に示しているのである。

河と首長

まず注目すべき点は、最初の《漁槍の首長》と河のつながりであろう。エイウェルの父は《河の力》であり、彼は河の中でつくられ、彼のシンボルは漁槍であり、彼の血をひく諸クランの《クランの守護霊》は川に関係の深い事象である場合が多い。また神話の季節は大抵乾季か、乾季と雨季の移りかわる時期である。それは、枯れ果てた牧草地、渇きのために死に瀕した家畜の群、アワール草などが物語られていることから明らかである。この二つの点に留意し、神話を理解するための手がかりとして、まずディンカの生活において河のもつ意義、特に乾季のそれについて考えてみよう。焼きつける太陽のもとで一面に死の色が広がっているとき、幾筋かの川辺の牧草地にのみ緑が残っている。そこには、おそいかかる苦難と不安をまぬがれた豊かな生命が存続している。牧人達はそうした牧草地を求めて多くの河を渡らねばならない。ディンカの地には網の目のように河が走り、沼沢が散在している。ワニをはじめ多くの危険のひそんでいる河を家畜の群を連れて渡ることはきわめて困難である。しかし、ひとたび河を渡ることに成功すれば、新しい牧草地、生命の可能性が待っている。河を渡ることは新鮮な牧草地にいたることであり、それはまた生きのびることと同義である。かくしてディンカの男達は家畜の群を連れ、困難ではあるが避けることのできない渡河、豊かな生命に到るための危険な渡河を繰り返すのである。要するに、ディンカにとって河は、生命の源であるとともに生命への道をふさぐ障害でもある。河の障害を克服するとき、人々は河がもたらす豊かな恩恵に浴するのである。こうした事情は最初の《漁槍の首長》についても全く同様である。

生と死

ひとびとが河を渡ろうとするとき、すなわちひとびとが生命の源へ近づこうとするとき、エイウェルは必ず恐るべき妨害者として立ち現われる。しかし、何らかの形で人々が彼に打ち勝つと、彼はただちに彼らを祝福し、自らの豊かな生命力を与えるのである。旱魃におそわれ、牧草が枯れ果て、家畜が飢えと渇きに力尽きようとしているとき、エイウェルの放牧地にのみ牧草は青々と生い茂り、家畜達は満ち足りている。彼はまた焦燥にかられている牧人達に限りない牧草と水のある場所へ導くことを約束する水先案内でもある。つまり、エイウェルはディンカが河に期待することをすべてかなえてくれる英雄なのである。エイウェルの牛の雨雲色は乾季においては正に生命と希望の象徴である。しかしそれのみではない。すでに述べたようにエイウェルはまた河と同様理解し難い危険な存在でもある。

簗と魚

次に、エイウェルが葦の簗を設けて、そこを通る人間の頭を漁槍で突刺すという奇異なモチーフについて考えてみたい。季節の変り目は普通、水位が急激に上昇するか下降するか、いずれにしても危険な時期である。この時期には牧人達は家畜を連れて移動しなければならないが、それはまた漁撈のときでもある。魚達は卵を生むために流れにそって水が満ち始めた沼地へ移動し、あるいは、やがて水を失ない乾上ろうとしている放牧地の灌漑水路からより深い流れへと移動する。このとき、ひとびとは魚の通路となる狭い流れに葦の簗をつくり、岸に待伏せ、魚が触れて葦が動くと槍で突く。魚の群が環境の変化に適応して生きのびるために移動していることを、そして自分達の槍をのがれた魚達は新しい棲家で生きのびるであろうことを人々は知っている。人間の巧妙なトリックと恐しい槍の待つ水路を通って移動する魚群は、おそらく、多くの家畜を連れ、幾つもの川を渡り、危険と闘いながら、牧草地を求めて移動する人間達の運命を示す鮮やかなイメージであろう。それは幾世代を通じてディンカの意識の底深く沈澱して、人間をとらえてはなさぬ宿命的なイメージではなかったか。神話はここでひとつの頂点に達する。語り手は興奮して立ち上り、槍をもったエイウェルの動作を生き生きと真似るのである。このイメージはディンカが《漁槍の首長》あるいはそれが代表する聖なる諸力にたいして抱いている気持を推察するためのひとつの鍵になるだろう。

神の長子

神話におけるエイウェルのイメージには更に別のイメージが重なる。彼はニアリク（神）の長男あるいは《最初につくられたもの》として考えられている。ディンカによれば母の胎内には幾人かの子供が可能性として孕まれている。それ故長男は彼に続く他の子供達のために《道を開くもの》となるかも知れないし、《彼らの道を塞ぐもの》となるかも知れない。長男がうまく出産されないで母親が死ぬようなことがあれば、さもなければ生まれるはずだった他の子供達も生まれることができなくなるからである。ディンカが長男というときそれはこうした二面性を秘めたものと考えられている。また長男は父に対しては子供達の代表として、子供達に対しては父の代表として行動する。こうした長男とエイウェルは神話の中で二重写しとなっている。前にあげた方の二面性については既に触れたので後の方について付言しておこう。エイウェルがニアリク（神）の子であるというとき意味されているのは文字通りの父子関係ということではなく、ディンカの社会において子が父に属するごとく、エイウェルはニアリク（神）に属するということである。エイウェルはなかば超人間的な聖なる力であり、なかば人間である。彼は聖なる力に対しては人間を代表し、人間に対しては聖なる力を代表する。それ故彼は聖なる諸力と共通のある不可測性、日常的な判断の地平を越えた神秘と混沌を孕んでいる。母を殺すというディンカが考えうる最大の罪すらエイウェルについては不問に付されている。その他、狂暴な気まぐれとしか思えない彼の行動を神話は一言の疑問もさしはさむことなく繰り返し物語るのである。

策略と女

さて、そのエイウェルを打負かして、彼の生命力を共同体の成員に分かち与えさせるための策略は女（殊にエイウェルの身内の）がもたらす。ここでもまたわれわれは、日々の生活の中で得られる認識と神話の関連をみることができる。女は結婚によって自分の父の家系に流れる活力を夫の家系の中に運ぶ役目をしている。このことは《漁槍の首長》の娘の場合には殊に鮮明に意識される。《漁槍の首長》のクランに伝わる強大な生命力は、娘の嫁いだクランの中へいわば注ぎ込まれるのである。また女は現在でも河と密接な関係にあると思われている。彼女らは川へ水を汲みに行き、あるいはビールをつくるための麦を洗いながら多くの時間を水辺で過ごす。エイウェルの母親が神話に登場するとき、彼女はすでに妊娠能力を失なった年で、しかも男の子がいないか、あるいは生来の石女である。同じ不幸を背負った女が今日《漁槍の首長》のところへ助けを求めて行くように、彼女は《河の力》すなわちエイウェルの父のもとへ行く。彼はこの老女あるいは石女に子供を授ける。これこそディンカの知る最も完全な意味での生命附与である。つまりエイウェルの母は最初、死と不老の象徴であるが、《河の力》との関係を通じてそれらを克服し、最初の《漁槍の首長》となるべきエイウェルを生む。

神話と認識

これらの神話の中にディンカが認識した世界の構造が定着されていることは改めて言うまでもないだろう。幾世代を経て人々の意識の底に沈み象徴的な響きを放っているイメージが重ね合わせられ、融合統一されて、種族が抱く根源的な問いに答えるシンボルとなったとき神話が成立しているのである。これらの神話がひとつの認識であるとしても、それを完全に言葉で表現することはできない、かつてディンカがしていたであろうように自己の全存在をもって感じとることしかできない。しかしあえて繰り返すなら、これらの神話を貫いているものは偉大な生命の源であると同時に死の源でもあるような存在のイメージである。

神話と現実

それは事象の二面性や世界の根源的な混沌に関連しているのかも知れない。いずれにしてもこれらの神話を比喩と考えることはできない。神話に物語られているのは現実そのものであり、ディンカはかかる現実の中に生きそれに働きかけているのだから。神話ははるかな過去の薄明の中で起こった事件ではあるが、神話の中には何ひとつとして過ぎ去ったものはなく、死滅したものもない。それはいわば永遠の現在なのである。神話は現在の事象に浸みとおり、それに意味と現実性とを与えている。現存する《漁槍の首長》には天地が分離して間もない頃河から出てきたあのエイウェルのイメージが重なっている。首長はエイウェルなのである。共同体は今もなお首長を通して世界の本質である聖なる力に働きかける。こうした世界観を楽天的といいうるかどうかには疑問の余地があろう。しかし、ともかくも《漁槍の首長》を通して共同体は世界と結びついている。彼がいるかぎり共同体の生命は涸れることがない。今日も人々は生命を求めて危険な渡河を試みる。その危険を克服するとき生命の祝福が約束されていることも神話の世界と変わらない。一見修羅の相貌を帯びている神話の背後にある世界観は或る意味ではきわめて静的である。

第三章　混沌と秩序——ルグバラ族

自然と生活

肥沃な高原

ルグバラは、スーダンの南方、コンゴとウガンダの国境近くにある海抜一二〇〇～一五〇〇メートルの高原地帯で、主としてきびやもろこしを栽培して生活している。ルグバラの地は肥沃で、規則正しく豊かな降雨にも恵まれ、農耕生活は比較的安定している。山がちな地形が地縁集団を互いに遠ざけ孤立させる傾向にあり、このことはルグバラの世界像にも影響を及ぼしている。

社会構造

ルグバラ社会における社会結合はすべて系譜の観念に支えられており、あらゆる人間関係や集団の統合は系譜と血のつながりによって説明される。さまざまなレベルにおける地域社会には中心となる血縁集団があり、その集団の成員でない者も姻戚関係などによってそれと結びついている。地域社会の成員は全てその中心となる血縁集団の始祖を共通の始祖とみなし、その血縁集団の首長が同時に地域共同体の首長となる。こうして血縁集団は地域共同体の存続を支えるのみならず重要な政治的機能を果たしている。

地域的・政治的まとまりという点からみれば、ルグバラの社会は次の三つの段階からなる。最小の単位は独立した聚落をなす家族群である。この地域共同体は三、四世代まえの祖先からはじまった父系血縁集団の成員を中心に、その成員の姉妹の子供達や娘の家族をも含んでいる。ルグバラの社会には中央集権的な政治組織がなく、この小さな地域共同体は政治的にも経済的にも大きな自律性をもっている。それは中心になる父系血縁集団のクラン名を用い、その集団の始祖を祀り、その集団の長を首長としている。ルグバラの日常生活の領域は狭く、社会生活の大半はこの地域社会の内部で行なわれる。ここでは社会の秩序を守る制裁は祖霊が下す罰であり、生活は祖霊の代理としての長老の指導のもとにある。この地域共同体・家族群は土地と家畜を共有し、首長はその管理の責任を負う。

これらの地域社会が集まって更に大きな地域社会を形成する。この地域社会の中核をなしているのは十二、三世代まえの始祖から分かれたひとびとの構成する父系血縁集団である。地域社会に首長があるのはこの段階までである。この地域社会に属する人々は互いに具体的に系譜関係をたどることができ、人間関係は個人間の系譜関係に規制されるが、この範囲を越える社会関係は血縁集団同志の系譜関係として考えられる。

たとえば、争いの当事者同志が異なる地域社会に属している場合には、その争いは個人間の問題としてではなく、各人の属する集団間の問題として取り扱われる。それ故この地域社会は復讐戦の単位ともなる。

この地域社会が集まってルグバラ社会の最大の地域社会である部族を形成する。部族には首長がなく、その他の組織もないが、部族内部の争いは結局は長老達の話し合いによって解決される。この範囲を越えると、すなわち異なる部族に属する集団同志の争いはしばしば組織的な戦闘の様相を呈する。その範囲では長老達は制度化された制裁力を持たず、系譜も集団同志の関係を規制する機能を果たさない。そこでは神話に支えられているクランへの帰属意識だけが規制力を発揮する。

ルグバラは全ルグバラの統合意識を漠然と、《神・創造主に由来するひとつの血統に属する》者達という言葉で表現している。彼らによれば、ルグバラは二人の神話的英雄の子供達を始祖とする約六〇のクランから成る。クランの成員はルグバラ全土に分散して生活しており、クランは結婚に際して外婚の単位として働くのみであり、集団を形成しているとは言い難い。しかし、同一のクラン名を用いるクランの成員の間には神話的祖先につながる同胞意識がみられる。異なる部族の地域に住む同一クランの成員間の同胞意識が部族同志の争いを和解に導く例も少なくない。

ここに概観したルグバラ社会のイメージを念頭において、神話をみて行くことにしよう。ルグバラの創世神話にはディンカの場合と同様天地分離に関するものと、始祖および社会生活の開始に関するものとの二種類ある。

天地の分離に関する神話

この世のはじめに、（アドロ）は男と女と家畜を創造した。（彼は宇宙を創造したと言われることもあるが、この点については人々の意見はきわめて曖昧である。）

創造に続く太古の時代、人間と神は直接の交わりを結んでおり、人間は天と地の間を自由に往来していた。その頃には、天と地は竹の塔か綱でつながっていた。天と地をつないでいたのは一本の巨大な樹であったと主張する人々もいる。やがてこのつながりは断たれて（その原因については述べられていない）天と地は遠く離れ、地上に落ちた人々はそれぞれの場所で現在のような社会生活を始めた。

この時まで、人間は皆一つの同じ言葉を話し、一つの集団をなしていた。しかし、この時以来、人間は多くの集団に分かれ、異なる言葉を用いるようになった。

地上では更に、祖先を共通にする人々が、それぞれひとつの集団を形成し、それは父系の系譜を結合原理とする不変不滅の共同体となった。

また、天と地が分かれるとともに、神も或る意味では二つに分裂した。それ以来、神の超越的な側面あるいは超越的な存在としての神、創造者としての神ははるかな天上に去り、神の内在的な側面、あるいは内在的な存在としての神のみが地上に残り、その後さまざまな形で人間生活に介入することになる。

始祖に関する神話

ルグバラの諸クランの系譜は、理論的には、世界のはじめに創造神が地上においた男女二人の祖人から始まる。全ルグバラは神が造った《ひとつの血》に属する。

神は最初に一組の男女を造った。男はグボログボロ（天から来た者）、女はメメ（ひとりでやって来た者）と呼ばれる。彼らは互いに兄妹であったが結婚して一組の男女を生み、こうしたことが更に幾代か繰返された。

グボログボロとメメは《奇跡を行なう者》と呼ばれ、彼らに続く一連の夫婦＝兄妹も自ら発明した魔術や新しい技術に因んで名づけられている。（これらの男女は実は同一人物の異なる呼び名に過ぎないと言う人々もいるが、はっきりしたことは分からない。）

これらの男女は今日ひとびとが行なうような性交を行なわず、女は足に山羊の血が注がれると身籠ったといわれる。子供は歯が全部生え揃って生まれた。彼らは社会をつくらず、また男女は互いに兄弟だったから、婚資（持参金や花嫁代償）を支払うこともなかった。祖人の創造に続いてこれらの男女が現われたのは南スーダンのロロイの地であった。

こうして幾世代か経た後、遂に、或る兄妹が二人の英雄的祖先、ジャキとドリビドゥを生んだ。

二人の英雄は現在のルグバラの地へ来て、多くの息子を設け、その息子達が現在のルグバラの諸クランの始祖となったのである。

これら二人の英雄は現在のルグバラの基準から見れば完全な人間であるとは言えない。ドリビドゥは長い毛で全身を被われて、怪物じみていたし、ナイルの東岸の最初の棲家から追い出されるまでは自分の子供を食っていたとも言われている。

ドリビドゥとジャキはルグバラの地へ別々に来たと言われるが、神話が二人に与えるイメージはよく似ている。彼らは二人とも超人的な魔術的な力に恵まれていた。どちらも妹の息子を伴ってルグバラの地へ来て、癩病の女に出会う。女は彼らに野牛の肉を料理するための火を与え、彼らはそのお礼に、今ではもう失なわれた呪薬で女の病いを癒してやった。それから彼らは女と一緒に寝て、女は身籠った。これが原因となって彼らと女の親族との間に争いが起こり、遂に罰金と婚資の支払いによって解決された。これが人間が婚資を支払った最初の例である。

二人の英雄は原住民から火の用い方を学び、呪術の数々の秘密を発明した。彼らはまた偉大な雨乞師でもあった。

彼らは原住民の女達と結婚して次々に多くの息子を生んだ。その息子達は今日の人々と同じように婚資を支払って妻を娶り、子供を設けた。その後ドリビドゥはエティ山で死に、ジャキはリル山で死んだ。

こうして最初のクランの始祖達の血をひく者によって現在の父系血縁集団が形成されていった。

これらの集団の始祖達はすでに現在の人間のような生活をしていた。現在のルグバラの生活様式をつくり出したのは彼らなのである。

今日或る人物や血縁集団がもっている特権や魔術的な力は、全てこれらの神話的な祖先達の時代に創始されたものであるということで価値を保証されている。

神話の解釈

ここに記載したのは、まとまった神話というよりもその梗概といった方がよいかも知れない。ルグバラには叙事詩的な統一のある神話はほとんどなく、そのかわり新しい魔術の発見やヨーロッパ人の到来というような個々のトピックに関する断片的な神話が数多くある。このことは後に述べるようにルグバラ自身の神話観と関連している。

ここではさし当り、上に掲げた梗概に基づいてルグバラの世界を瞥見しよう。

天と地の分離

これらの神話に共通のテーマは天地の分離と社会生活の開始という二つの事件である。天地分離の神話はルグバラの世界像の統一的な把握を可能にする。ディンカの場合と同様天と地の分離は同時に神と人間の分離であるが、単にそれのみではない。そのとき現在の世界の構造をなしているさまざまな区分が露わになるのである、善と悪の区別が生じ、永遠に変わらないものと移ろい行くものとが分離し、人間は異なる言葉を語る諸種族に分かれる。そして渾沌とした世界の中に秩序あるルグバラの社会が確立されるのである。しかもこの広大な天地を含めて世界は神（アドロ）の名において統一的に把握されるのである。

ここにみられるのは万物が融合している渾沌から、分離による秩序への移行という、すでにわれわれには親しい図式にほかならない。そして、世界の秩序と社会生活の開始とは或る意味では互いに相伴う過程であることが示されている。

二人の英雄的な祖先が出現するに及んでルグバラ神話の独特の相貌が明らかになり始める。彼らが出現する以前には、今日のルグバラ社会の観点からみて社会と呼ぶことができるようなものは全くなかった。

人間の前史

その時代には結婚は全て兄妹の間で行なわれた。つまり、近親相姦の方が正常だった。このことはルグバラの眼からみれば、今日社会構造の原理をなしている血縁の紐帯が知られていなかったことを示している。同様に、婚資が支払われなかったことは、姻族のつながりが知られていなかったことを意味すると考えられる。血縁集団間の対立・均衡・統合のメカニズムをあらわにする復讐戦も行なわれなかった。要するにルグバラが今日社会生活の基本的な要素だとみなしているようなものは全くなく、従って人間の社会はなかったと考えられる。

二人の英雄がルグバラの地に着いて後はじめて真正の人間社会、すなわちルグバラ社会がつくられ、系譜関係を通じて秩序づけられるクランの成員として、ひとびとは正常な人間生活を始める。

英雄の出現以前の人間は、生活のみならずその姿についてもあらゆる倒錯のイメージ（全身を被う長い毛、逆立ちして歩くこと等々）をもって描かれている。人間が今日のような正常な姿となるのはようやくあの二人の英雄以後のことなのであった。

これらの英雄の出現はルグバラ神話の頂点をなしている。ここで神話の世界は大きく変貌する。あるいは飛躍するといってもよいだろう。その点ではディンカの神話における《漁槍の首長》の出現と比較できよう。しかしこの頂点においてルグバラの神話が意味するものは、ディンカのそれとは少なくとも重点の置き所を異にする。

社会の内と外

それではルグバラの神話を貫くモチーフはどのようなものか。それを理解するためにここで、ルグバラの思考を支え、断片的な諸神話に内面的な統一をもたらしている基本的なカテゴリーに触れなければならない。カテゴリーといったがそれは単に論理的なものではない。それは人間の全存在に働きかけて神話的な形象を生み出させた世界の構造そのものなのである。すなわちそれは意識の光がとらえる構造であるのみならず、闇をまさぐる無意識的な直観が把握している現実なのでもある。

神話において英雄的祖先を境とする前後の時期を分ける基準は結局ルグバラ社会の有無ということにつきる。そしてこの区分の根底にあるのが《社会内的なもの》と《社会外的なもの》という基本的なカテゴリーなのである。ルグバラ神話の世界では時間と空間は明確には分離されていない。このいわば未分化の時空に構造を与えるのは上述のカテゴリーである。このカテゴリーは時間的・空間的、あるいは社会的といったあらゆる場合に働き、そのいずれの場合にも、ルグバラ社会との距離が遠いものほど社会外的性質のより強いものであり、より著しい程度の倒錯と異常さのイメージをもって描かれる。ルグバラ社会との距離、すなわち社会外的である程度はそれに比例する倒錯あるいは異常さの程度によって象徴されるのである。ルグバラ社会との距離ということを不正確になることを承知のうえであえてわれわれのカテゴリーによって考えるとすれば、この距離とは現在のルグバラ社会からみて、時間的にどれほど過去であるか、空間的にどれほどへだたっているか、あるいはまた生活慣習がどの程度違っているかというようなことを全て含んでいるといいえよう。

社会の意義

ルグバラ社会は真正の人間社会の不変のイメージである。その社会の秩序に適合し、その秩序を保持し強化する方向に働く力は全て社会的であり、道徳的であり、正常である。この社会内的な領域（ルグバラによれば善の領域）においてはルグバラの思考は系譜の観念に従う。他方、この社会の外側にあるもの、或いは社会の永遠の秩序を変化させたり傷つけたりするものは、全て、反社会的、反道徳的であり、倒錯した異常なものである。この社会外的な領域（悪の領域）においては系譜の観念では何ひとつ説明できない。そこは神話の領域であり、より適切に言えば神の領域なのである。ここではカテゴリーという観点から説明したが、神話を中心とする観点からすれば、以上の説明は、神話は或る過去の事件を物語ると同時に、あるいは物語ることによって或る社会で常に働き続けている思想的な図式をも示していると言えよう。

混沌と秩序

ルグバラ社会は、波高い大洋に浮ぶ孤島のごとく、人間の理解を越えた奇怪な事象の跳梁する世界、広大な混沌の中で唯一の秩序ある砦なのである。それのみではない。

ルグバラの地においてすらも、具体的な系譜関係で結ばれているひとびとの血縁的・地縁的集団は、その周囲を倒錯した非人間的な存在にとりまかれているとその集団の成員達は考えている。

ルグバラの神話論

ところで、ルグバラは彼ら自身の神話論ともいうべきものをもっている。それによれば、或る存在が社会外的な領域から社会内的な領域へと移り、そこに定った位置を占めるに到る過程こそが神話なのである。ある未知の存在がルグバラの視界の涯から立ち現われたとき神話は始まり、その存在がルグバラ社会と交渉をもち、社会内の言葉で意味づけられたとき神話は終る。

たとえば、ヨーロッパ人は最初、未知なるものとして、社会生活に関係を持たないものとして、ルグバラの地平に現われた。それ故ヨーロッパ人の出現に関する神話では、初期のヨーロッパ人は人を喰い、頭で立って異常な速さで歩き、また襲撃されると突然地中にもぐり込み少し離れた処にひょっこり姿を現わす……という風に物語られている。それに続けて神話は、そのようなヨーロッパ人がルグバラ社会と定った関係をもつに至るまでの経緯を物語る。ルグバラは自分達と一定の交渉をもっている現在のヨーロッパ人達のことは自分達と同じように正常な人間であると思っているが、アルバート湖の彼方にいるヨーロッパ人は今でも上に述べたような怪物じみた存在であると信じている。

もうひとつの例をあげてみよう。ルグバラの任意の地域社会をとりあげると、その成員の多くは首長の父系血縁集団に属しており、そうでないひとびとも何らかの親族関係でその集団に結びついている。しかしこれらの地域社会の中へ他の地方のルグバラが、親族関係をたどってというのではなく、いわば流れ者として入って来ることがある。彼らは有力な血縁集団を頼ってゆき、その保護のもとに社会生活を始めるのであるが、こうしたひとびとはクライエント（被保護者）と呼ばれる。クライエントは素姓の知れぬ《物》として、その地域社会の中へやってくる。彼らはいかなる系譜にも位置を占めておらず、それ故完全な意味では人間と呼べない。彼らは近親相姦を行ない、人を喰う。このクライエントもやがてその社会の女と結婚して親族組織の中に一定の位置を占めるようになるとはじめて正常な人間として認められる。

社会内的と社会外的というカテゴリーの強調は社会結合の原理と密接な関係をもっている。ルグバラは人間関係に秩序を与える原理を三通りに考えている。ひとつは系譜と祖先、他のひとつは神である。

すでに述べた如く、社会生活の大半は小さな地縁集団の内部に限られていた。ここでは人間関係は全て親族同志の関係であり、主として系譜がその関係を規制し裏づけていた。この生活領域で秩序を維持する役目を果たすのは祖霊である。

こうした直接的な人間関係の範囲を越えると、地域社会間の秩序やルグバラ全体の同胞意識は、共通の祖先の血をひき、彼らの創始した伝統に従って生きるものとしての同胞意識に支えられている。

創世神話は、ルグバラ社会の秩序はこの世のはじめに種族の始祖が定めた聖なる秩序であり、人間が人間らしく生き、共同体が存続することを可能にする唯ひとつの秩序であることを示している。しかし、この秩序の形態が永遠のイデーであるとしても、さまざまな理由（人口増加やヨーロッパ人の圧力など）によって現実に起こっている変化を無視することはできない。そこで既成の権威と軋轢を生じるすべての変化は神に帰せられる。

神と歴史

神は世界と人間の創造者であり、英雄達を通して社会をも創造した。祖霊の力の及ばない広大な世界、その混沌を支配するのは神のみであり、ルグバラの理解の地平の彼方から来て、社会全体を揺り動かす力は神のもの以外ではあり得ない。それ故ルグバラ達は次のように考える。今日相続いている変動は神の介入によって起こったのであり、神はそれによってルグバラ社会を再創造しているのであると。

ここには或る種の歴史意識の萠芽がある。のみならずそれとともに、歴史に神が介入するという、ニグロアフリカでは珍らしい考え方がみられる。とは言え、人間の側からの働きかけという思想は全くなく、変化をただ必然的なものとして受け入れるだけという態度は、伝統を原初に創られた聖なるものとして受け入れる創世神話の発想の延長に過ぎない。

ひとびとは変動の激しい現在の状況を指して、「近頃は神の領域がずいぶん広がった」と言う。これは伝統的な観点からは理解できないことが多くなったことを意味している。

ルグバラの世界像をもう少し詳しくみるために、天地分離の神話の重要なモチーフである神の自己分裂について考えてみたい。

神の自己分裂

ここで神と訳したアドロという語は、人間を創造した力、人間には理解することも操作することもできない人格化された力を意味している。しかし、それのみならず、アドロはその人格的な力のあらわれをも意味し、人間の理解を越えているすべての事象を指すのにも用いられる。かくしてアドロは個人の守護霊、生殖器や生殖力などを指して用いられるだけでなく、ときにはマッチのことを意味することとすらあるという。いいかえればアドロは一個の人格であるとともに、遍在する力でもある。彼は創造者（＝生命力の源）として万物の背後にある。すべての誕生と死は彼に帰せられる。雨をもたらす力としてはルグバラ全土に福祉をもたらすものであるが、普通共同体の福祉を守るのは祖霊であり、神には種族全体を襲うような恐るべき災厄が帰せられる。それにもかかわらず、神と人間の関係には直接的にはいかなる道徳的内容も含まれていない。以上はルグバラの神観念の一側面である。人格化されるにしろ、されないにしろ、要するに神はこの世のすべての事象の背後にある根源的な生命力なのである。

天地が分離する以前には、神と人間が直接結びついていたのみならず、神自身も渾然たる統一体として存在していた。そこへ天地の分離が起こる。それはまた神と人間の分離であるとともに、神自身の自己分裂でもあった。

神の超越的側面は天上に去り、内在的側面のみが地上に残る。例のカテゴリーを引き合いに出せば、神の超越的な側面は《善》の領域に属し、内在的な側面は《悪》の領域に属する。二つの側面は天と地に分かれても、神は依然として一個の存在であることが強調される。このことは世界についてもあてはまる。すなわち、天地の分離は同時に、秩序ある人間の領域と、それをとりまく不可解な混沌との分離でもあったが、両者はひとつの統一体としての世界のともに欠くことのできない両面あるいは両極となっている。

天に住む、いわゆる《善い神》は世界と人間の創造者であり、永遠の秩序と生命力の源であるが、この神はニグロ・アフリカの諸種族に広くみられる《はるかなる神》であり、人間生活には関与しない。人間生活に直接介入するのは主として《悪い神》である。この神は河の中にその子供たちと共に住んでいるが、一時的には高山や岩地にも宿るといわれる。神は本来社会外的なものであるのだから、人間社会に入るときは、つまり社会生活との関連において考えられるときには倒錯した異常なイメージとなる。ひとの眼に見える神の姿は、背が高く、長い毛に被われた、真白な肌の男の半身の形であり、それは一本足ではね歩く恐しい怪物である。また、神が社会に介入するための手段ないし媒介となる妖術師は、食人や近親相姦を行なうと考えられている。

善と悪

最後にルグバラにおける善悪の観念について注目しておきたい。すでに述べたごとく、善とは社会内的なものであり、社会構造の原理に合致するものである。これに対して悪とはその原理に反するもの、あるいはその原理によっては理解できないものである。食人や近親相姦が悪の領域に属するものとしてひき合いに出されているのだから、どのようなものが具体的に悪とみなされているのかということは大体われわれにも分かる。さらに別の観点からすれば、善は社会の既成の秩序であり、悪は無秩序ないし混沌である。ルグバラの社会では、既成の秩序は聖なる秩序であり、生者と死者を結ぶ重要な枠であった。しかも宇宙論的な段階にあっては、善と悪、したがって秩序と混沌は全く対等かつ相互に不可欠なものとされている。のみならず、悪は神が社会に介入する際の媒体と考えられることすらある。そして善と悪とは神において統合されるのである。ここにわれわれの場合とはかなり異質な善悪の観念を垣間みることができる。しかしながらこうした点をさらに深くさらに正確に究めることは素描を意図する本書の立場を越えることであるし、また手もとにある資料もそうした究明のたすけとはならない。今はただ注意を喚起するにとどめておこう。

第四章　人間の条件――ドゴン族

自然と生活

岩山と焼畑農耕

ドゴンは西スーダンのニジェール河の大彎曲部に数世紀来定住している。彼らの村々は岩山におおわれた高原地帯に散在する。目のとどくかぎり続く断崖と砂地のおもてには、しばしば熱気をおびた霧が立ち込め、霧がはれても、この灰色の広漠たる世界に生命あるものを想わせる色彩を見出すことは難しい。そこを訪れる旅行者が風景から受ける最初の印象は忘れ難いものであるという。この地方には年中水をたたえているような河は全くない。雨季の豊かな奔流も、雨が降らなくなればたちまち涸れてしまう。年に少なくとも一カ月はきびしい旱魃に襲われるが、ひとびとは次の雨季までもちこたえることができるよう、天然の沼や井戸を貯水池として整備し確保している。しかし、それでも水がまったくなくなり、遠くまで水汲みに出かけなければならない地方も多い。

優越した武器をもった征服者達に追われてこの不毛の岩山に逃れて以来、彼らは生存のための戦いに努力を集中し、美味で豊かな穀物をつくる技術を育てあげ、きわめて緻密な社会組織を建設した。

スーダンを席捲した幾多の征服者達（その中にはイスラム教徒もいた）も、天然の要塞にまもられて臨機応変に防禦し、退却するドゴンを完全に支配することはできなかった。バンディアガラの険崖の彼方に閉ざされた社会の中で、彼らは独自の古い文化を保ち続けてきた。

彼らは、焼畑農耕によって粟やもろこしを栽培するスーダンの典型的な農耕民である。凡そ耕やすことが可能なほどの土地はすべて耕やされているので、谷あいや岩山の急斜面にあって、縄梯子を用いなければ近づけない畑も多い。農耕こそ彼らの「生命の支え」であり、社会生活の最大のエネルギーと智慧が大地に注がれる。

社会構造

ドゴンの社会生活の単位集団としてはまず大家族がある。それは共通の祖先を祀り、同一の囲いの中に住むひとびとの集団である。その成員は普通、最年長の男とその兄弟息子たち、およびそのそれぞれの妻子から成っている。この最年長の男が大家族の長として全成員を統率する。大家族の長は絶対的な権力をもつものではなく、他の老人たちの意見をも尊重しなければならない。しかし宗教的な面では彼の権威は絶対的なものである。彼は労働の指揮や花嫁代償の処理のような世俗的な役目を果たすだけでなく、大家族の祖先を祀るという重大な任務をおびている。彼が司る祖先祭祀は生者と死者の関係を正しく保つためのものである。祖霊は大地の豊饒を促進する力であると考えられているから、祖先祭祀は同時に大地への祭祀でもある。これらの祭祀は、不毛な岩山に農耕を営むドゴンにとって、生きていくためには欠くことのできない行為であり、種播きから取入れまでひとびとは祖先と大地とに固く結びつけられている。種播きの祭も収穫の祭も、すべては大地に豊饒をもたらすものへの祈りと忠誠の表示からなっている。

いくつかの大家族の集合体が村であり、村が数個集まって一つの「地方」を形成する。ドゴン全体は幾つかの地方に分かれて住んでいるが、地方より広範囲な地域共同体はない。つまり「地方」はドゴン社会の最大の地域共同体であり、ホゴンと呼ばれる宗教的な首長をいただいている。各「地方」には、その「地方」にある数個の父系血縁集団のうち、他の集団から区別され優越した地位を占めている集団があり、首長は常にその成員から選ばれる。

血縁集団という面からみれば、全ドゴンは五人の神話的な祖先の血をひく五つのクランに分かれる。各「地方」の父系血縁集団はそれぞれこれらのクランのいずれかに属しているのである。

すでに述べたようにドゴンにおいては大家族のもつ意義がきわめて大きく、社会は大家族毎に分散する傾向があるが、そうした傾向をおさえ、全ドゴンの統合を保つのは観念的には神話の力である。神話に由来する多くの制度が、血縁集団同志を結びつけ、あるいは血縁集団を地域社会に統合している。そうした制度には、トーテム、儀式における分業、仮面結社、年令集団などがある。

神話は地方や血縁集団の異なるにつれて幾分異なるのみならず、結社の内部ではそれぞれの位階毎に教えられる範囲が定まっており、ドゴンの神話を完全な形で理解しているのは奥義に通じた若干の長老たちだけである。ここでは様々な民族学者が採集した神話の中から幾つかの例を掲げることにする。

創世神話とその解釈

神話A　宇宙は創造神アンマの言葉から生じた。アンマはキゼ・ウジ（最も小さいものという意味の語で、ポーという穀物のことを指している）を創造し、キゼ・ウジは次第に振幅を増しながら七度振動して世界の卵を生じさせた。

原初の子宮であるこの宇宙の卵の中には二つの胎盤があり、おのおのが一組の双子のノンモの種を宿していた。

片方の胎盤から月満ちる前に一人の男の児が出てきた。彼は宇宙の支配者になりたいと思った。そこでアンマの創った穀物ポーを盗み、自分の双子の妹であるヤシギを連れて出るつもりで胎盤の一部分をちぎり取った。その胎盤で箱舟をつくり、盗んだ品々をのせて彼は虚空へと乗り出した。秩序へのこの反逆に気づいたアンマはヤシギをもう一方の胎盤にいるノンモのもとに預けた。くだんの男の児が盗み出した胎盤は大地となった。彼は大地と交わり、最初の近親相姦を犯した。このために、大地は汚れて乾き果て、不毛になった。男の児は銀ぎつねに変えられ、自分自身の女性魂であるヤシギを永遠に空しく求め続けるべく運命づけられた。

この反逆児の名はユルグという。ユルグによって乱され汚された宇宙の秩序と清浄さとを回復するために、アンマは天でノンモの一人をいけにえとした。清浄さは創造のための欠くことができない条件だからである。

アンマは、いけにえとしたノンモの身体を切りきざんで四方にまき散らした。それらの身体の切片にはそれぞれいずれかの植物の種子が含まれていた。たとえば、鎖骨の中には人間の食糧となるべき植物の種子が宿っていた。これらの種子が大地に落ちると世界で最初の樹々が生え、やがて天に達した。この樹々は現在の世界に存在する方位や元素や社会組織に対応している。これらの対応関係を表にしてみると左表のようになる。

樹木	祖先	部族	方位	元素	職業
サー(頭)	ビヌ・セル	オノ	東	水	商業・手工業
オロ(下肢)	アンマ・セル	ディオン	西	空気	
ミヌー(胸)	ディオング・セル	ドムノ	南	火	農耕
ユロ(腹)	レベ・セル	アルー	北	大地	占、医、商、手工

右表の部族欄はドゴンの主要な四種族の名前であり、祖先はそれぞれの部族の始祖の名前である。

さて、アンマはその後このノンモの身体の切片を再び集めて天上の土でつなぎ合わせ、ペルの樹を用いて生き返らせた。それからアンマはノンモ達がいた方の胎盤で長方形の箱舟（コロ）をつくった。この《世界の箱舟》に一組のノンモと四組の祖先、そのほか、種々の動物・植物・鉱物などがのって地上へ降った。

一組のノンモは地上における最初の神話的な世代を代表し、四組の祖先はそれに続く四世代を代表している。この五世代の間にドゴンのすべての社会的・宗教的な組織が確立された（この最初の五世代をかたどって、今日の家族でも五世代を一周期とみなしている）。

箱舟が地上に着くと、ただちに太陽の光があらわれて世界は明るくなり、雨が降り注いで大地を清め、大地は豊饒になった。地上のすべての生命は秩序を与えられ、人間達もにぎやかに殖えはじめた。ノンモたちの到来はこのようなものであった。では、あの反逆児ユルグはどうなるのか。世界の創造においてユルグは単に否定的なものではなく、ノンモと相補って世界の存続を支えるべき不可欠の存在なのである。両者はおのおの固有の領域を支配する。それらの領域のどれひとつ欠けても宇宙の正常な運行は妨げられるという。

ユルグ	夜	乾燥	不毛	無秩序	死
ノンモ	昼	湿気	豊饒	秩序	生

ノンモの役目は無秩序なユルグの行為を制御することである。

今日、ひとが何事かを企てて成功したいと思うなら、まずユルグにうかがいをたて（占）、次にノンモを祀らねばならない（祭壇に供物を捧げねばならない。）これら二つのことが正しく行なわれれば、たとえ当事者が異邦人であってもその効果は確かにある。

物質の振動および全体としての宇宙の運動という二つの観念がこの神話の宇宙論を支えている。

神話B

原初に、神（アンマ）は《世界の卵》の中にもろもろの事物の種子を置いた。生命の最初の胚種は、栽培植物のもっとも小さい種子（フォニオ）によって象徴される。この種子は内部の振動によってしだいに広がり、遂には宇宙の果てにまで達する。この展開・拡大の運動はらせん状の運動であるともいわれ、あるいはまたジグザグ運動として表象されることもある。いずれにしてもこの運動は双極の絶え間ない交替であり、生殖力の象徴である双極性を表現している。あらゆる存在の内部で行なわれている振動においてこの双極はつねに互いに支えあっているのである。物質は或る意味では小宇宙であり、その内部で行なわれる振動ないしらせん運動は宇宙の無限の展開を反映している。

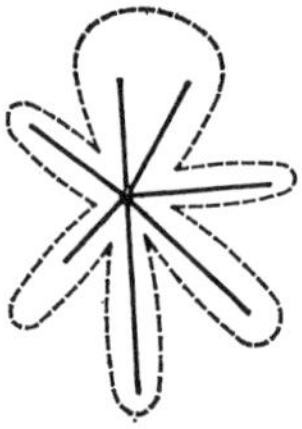

〈2〉

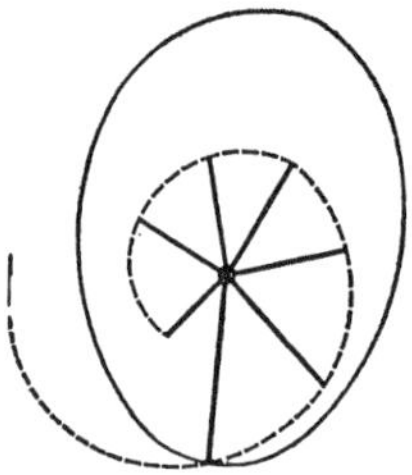

〈1〉

さて《世界の卵》の中の胚種は振動によって、しだいに長くなる七本の枝に分かれる。これら七本の枝は人間の身体にもおのおの対応物をもっている。それらはまた七つの主要な栽培植物の種子を象徴している（図(1)(2)参照）。

七番目の振動とともに生じた七本目の枝は種子のおおいを破った。この七本目の枝はドゴンの生活と思想の中で中核的な位置を占めている雌こうりゃんの象徴である。一方雌こうりゃんは生命・理想的な食物・清浄を象徴している。殻を破ったのちも定められた軌道に沿った展開運動が続き、それにつれて創造の過程もすすんで行く。最初の生命の種子の中核には四つに区切られた長方形の板があり、そこにはすでに、宇宙を構成する二十二のカテゴリーのそれぞれに対応する全部で二十二の徴《しるし》が宿っていた。それらはすべて空気・火・地・水の四元素のうちのいずれかの支配下にあった。創造にともなう回転運動によってこれらの徴は無辺の空間にまき散らされ、それぞれが象徴している事象、未だ可能性として存在している事象に宿った。これらの徴が宿ると、すべては真の実在性を獲得し、あらかじめ定められていたカテゴリーに属する事象となった。

こうしたイメージはすべて、出発点においては限りなく小さかったものが測り知れぬ広大さに達する過程を把握しようとするドゴンの精神の努力と結びついている。

たとえば、彼らは、天体の運行をめぐる秩序をも、限りなく小さいものの中で起こっていることをそのまま極大にまで拡大した投影として把握しているのである。ここでも創造の出発点となるのは、すべての星の中で最も小さく、最も重く、万物の萌芽を自己のうちにはらんでいると考えられているディジタリア星である。ディジタリア星はシリウス星の周囲を公転しつつ同時に自転している。この限りなく小さい星の回転運動が天空におけるすべての創造の過程を支えかつ促進しているのである。また植物の場合と同様にここでも最初の星から七つの他の星が生じた。

しかし、自分自身を意識し、目的ある行為をすることができる存在が生じて以来、創造の過程はそれまでよりはるかに複雑になった、とドゴンは考える。創造神アンマの他にも人格を備えた存在があらわれ、彼らは、人間が自分自身と自分の行為に対して抱いている観念に似た世界、哀歓や愛憎のうずまく新しい時代へと歩み入った。

これらのことはすべて、無辺の虚空に浮んだ《世界の卵》の中で起こったことである。この卵の中には二つの胎盤があり、そのおのおのには、神の直接の流出であり、その息子であり、かつ人間の原型でもある一組の双子のノンモが孕まれていた。彼らは創造の根本的な原理である双極性の生きたイメージであるから、それぞれ男性と女性との二つの魂をもっており、自分自身ですでに一対をなしていた。

しかるに、理由は明らかでないが、一方の胎盤にいた男の児が、アンマの定めた日がくるのを待たずに月足らずで生まれ出た。

彼は自分を包んでいた胎盤の一部をちぎり取って、卵の外の虚空をつくった。やがてこの胎盤の切片は大地となった。男の児の名はユルグという。ユルグはアンマの創造した世界を手本としてそれをしのぐ自分自身の世界をつくろうと考えており、フォニオを盗んできていた。

ユルグのこの逸脱と叛逆はアンマの創造の秩序を攪乱した。男性の魂しかもたないユルグがつくった地上の世界には男性の魂しかなかった。双極性に支えられた宇宙にあって地上の世界のすべては、ユルグに似た不吉な不完全さの刻印を受けていた。この不完全さから不浄の観念が生じた。不浄は創造のために欠くことのできない条件である清浄に対立する。こうして、大地もユルグも最初から孤独であり（魂をひとつしか持たず）、それ故汚れていた。

ユルグはこの状態では地上で創造をすすめることができないのを悟り、天の胎盤に残してきたもうひとつの魂、すなわち女性魂をつれてくるために天へ戻った。しかし、その時にはすでにアンマが彼女を他の胎盤にいるノンモに預けていたので、ユルグは彼女を見つけることができなかった。この時以来、ユルグは空しく果てしない探索を続けることになる。彼は乾き果てた地上に戻る。そこでは闇の中に、近親相姦（ユルグとその母である大地との）から生まれた、ただひとつの魂しかもたない不完全な生きものたちがうごめき出ようとしていた。

この様子をみてアンマは、もう一方の胎盤にいる、大空と星々の創造者であるノンモを地上におくることにした。

彼らは巨大な箱舟にのって地上に下った。箱舟の中央には、鍛冶屋の服装をした一組の天のノンモが立ち、四つの方位に対応する四隅には、ノンモの化身である四組の祖先が立っていた。四組の祖先のうち、男の祖先の名前はアンマ・セル、レベ・セル、ビヌ・セル、ディオング・セルである。

やがて箱舟は新しい汚れなき大地となった。箱舟の到来と同時に、闇に閉されていた宇宙に光が生じ、豪雨が降り注いで大地を潔め豊沃にした。かく潔められ肥沃となった大地に四組の神話的祖先のもたらした八個の種子が播かれ、それとともに人間や動植物が生じた。四組の祖先は十二人の子供を生んだ。こうして最初の三代を合わせた人数は二十二であり、そのうち男は十二人、女は十人だった。ノンモの指導のもとに社会生活が組織され、卵のなかに萠芽として含まれていた全てが実現した。

この社会生活の組織は二十二年間かかって完成した。

新しく創造された秩序においては、ユルグには死と夜、そして耕やされていない乾いた荒地が属し、昼の存在であるノンモは空と水と豊饒に結ばれ、耕地と人間の居住地とを支配する。

壮大であると同時にきわめて複雑なドゴンの神話空間を、今われわれはきわめて断片的な資料から推測するほかない。

神話と生活

聖なる光と闇が織りなすこれらの空間は、個人の幻想の世界ではない。そこにはドゴンの社会生活にとって本質的なあらゆる要素が含まれている。そこで物語られているのは単に過ぎ去った事件、追憶の中にのみ存続する過去ではない。神話空間は現実の背後にあって今なお働き続けている聖なる力の世界である。それはいわば現実をかくあらしめている形相でありイデアの世界である。現実世界の事象は神話にあらわれる事象の象徴として存在している。ドゴンにおいては、この象徴の体系は途方もなく発達している。かくして神話空間は世界のすみずみにまで浸み亘っているのである。すべての事象は神話を象徴し、そのことによって創世のときを現在に再現している。存在するとは、そのようにあることである。人間もまた言葉と行為によって刻刻神話を再現する。そして神話のこの再演こそ、すべての技術と制度と祈りの有効性を支えるものにほかならない。見方を変えれば、ここでは神話は社会生活を細部に亘って決定している聖なる青写真であるとともに、ひとびとが世界と社会と人間を把握することを可能にする形式でもある。この形式によって一見渾沌たる事象の底を支える秩序があらわになる。神話によってひとびとは自己を社会と世界の中に位置づけ、自分が孤立した存在ではないことを確認し、これらすべてが同一の秩序に貫かれていることを理解するのである。

このことを示す具体例を、ドゴンの社会生活の中からいくつか選びだしてみよう。

部族　まず部族についてみよう。箱舟で地上に下った四組の祖先がおのおのドゴンの四つの部族の始祖である。これら四つの部族の間に三つの主要な職業が割当てられている。四は女性を象徴する数であり、三は男性を象徴する数である。それ故人間（ドゴン）は全体としては母なる女性に属し、職業は男性に属している。また七はすでに触れたように個々の人間を象徴する数である。

ホゴン　ドゴンの社会で最大の政治組織は「地方」のそれである。ドゴンの社会を構成するいくつかの「地方」を含むような規模の政治組織はない。各「地方」にはひとりの聖なる首長ホゴンがいる。彼は長老会議の補佐のもとに「地方」を統治する政治的首長であるのみならず、その地方の最高の司祭でもある。彼はドゴンの象徴体系のひとつの焦点である。ホゴンは神話的祖先レーベ・セルの子孫であり、そのために歴代のホゴンは聖なる力を宿していると考えられている。レーベ・セルは人間の姿で死んだ最古の祖先で地上には蛇の姿で蘇生する。彼はユルグによって穢された大地を浄めるためにいったん死に、後に蘇ったノンモである。植物の死と再生はレーベの死と再生を象徴している。それ故彼の祭祀は同時に蘇りつつある大地の祭祀である。この祭祀＝供犠は播種の時期に行われる。この供犠によって彼の力は小麦の生命力に附加され、それを増加するのである。ここでは祖先の力は自然力と同一視されているといえよう。ホゴンはレーベ・セルーの子孫としてこの祭祀を司り、この祖先がもたらしたといわれる小麦の生命力に責任をもつ。ホゴンの魂の動きは栽培植物のリズムと調和しており、彼はすべての耕作とそれに関連した祭祀の支配者である。植物が成長する時期には彼のふたつの魂は穀物の精の中で結ばれている。彼の許には毎夜、蘇った祖先たる蛇のレーベが次の日も生き抜く力を与えるために体を舐めにやってくる。ホゴンの唾液は湿潤をもたらす。しかし、もしも彼の足が耕地に触れるならば、麦は赤くなり枯死してしまう。ホゴンは湿潤を表わすと同時に太陽そのものでもあるという二面性によるものである。また、ホゴンは宇宙の化身であり、地上におけるノンモの代理人であり、宇宙のリズムを調整する。ホゴンの冠には彼の女性魂が宿っている。この冠はまた「世界の卵」の殼であるともいわれる。

次に人間存在のイメージについて触れておこう。

人間

人間は世界の種子である。人間のイメージは生命の最初の種子、すなわち、すべてのうちで最も小さく最も重い種子ディジタリアの中に既に刻み込まれていた。この種子の最初の七つの振動は宇宙の創造の始まりであると同時に人間の創造であった。その振動によって生じた第一と第六の分枝は足、第二と第五は手、第三と第四は頭、そして最後に生じて世界の卵の殼を破った第七の分枝は生殖器に当る（図(2)参照）。これら七本の分枝と元のディジタリアとを合わせた八つは最初の穀物の種子を象徴し、それらはまた四組の祖先が地上にもらした種子でもある。これら八個の種子は人間の鎖骨に宿って、人間を構成する質料と食物の双方を象徴している。人間の鎖骨は、すべての魚の原型であり、人間の胎児の象徴であるなまずの鎖骨と同一視される。

人間は創造の始源のイメージであるだけでなく、現在の宇宙に対応するイメージでもある。人間はその構造と成長の過程において宇宙全体と分かち難くむすばれている。人間の状態は宇宙の状態に反映するので、個人が生活の規則を破ることによって生じた混乱は、近親から家族へ、家族からクランへと広がり、遂には宇宙の秩序を傷つけるに至る。

また人間の成長は宇宙の秩序の象徴であるノンモの成長に対応している。誕生したばかりの幼児はノンモの頭だけであるが、少年には更に胸、婚約しているものには足、結婚すると腕が加わり、完全な成人は完成したノンモである。そして首長はノンモであると同時に人類と世界の総体を象徴する。子供はユルグであるが成人はノンモであると言われることもある。

ドゴンの神話は人間を以上のように位置づける。当然の結果として人間は宇宙全体が示している双極性あるいは双子性をもっとも典型的な形で示すことになる。しかし今では人間の双子性は失なわれており、双子性の喪失と回復というテーマは人間の魂をめぐるドゴンの思想の中心に位置し、また親族組織をも規制している。

ここでは魂の観念について詳述することは避け、次に個人が親族関係の網の目の中にどのように位置づけられているかについて述べよう。

親族　個人をとりまく親族関係は、父方と母方の区別、母方のおじと甥のつながり、世代間の区別などを軸として理解されている。

ある場合には、個人にとって父方の親族はすべてアンマ（神）であり、母方の親族はノンモ（宇宙）である。父方母方二人の祖父がアンマに対応すると考えられる場合もある。このときには父と父の姉妹、母と母の兄弟がおのおの一組のノンモであり、自分はこれら二組のノンモの子供である。更に重要なのは次のような型の対応関係である。或る個人からみて父方母方の血縁集団はそれぞれ「世界の卵」の中にあったいずれかの胎盤を象徴する。父方の集団はユルグの反抗の後に地上に下ったノンモたちのいた胎盤に当り、そこではすべては秩序正しく行なわれる。これに対して母方の集団はユルゴのいた胎盤に当る。そこでは母方の祖父が創造神アンマであり、次の世代すなわち母とその兄弟は双子のノンモである。第三の世代に属する少年はそれら二世代に対してユルグの位置を占める。

少年はユルグと同じように母の胎内から出るのが早すぎ（たとされ）、しかも母の一部（臍の緒）をもって出ている。少年は母に対してユルグと同様の態度をとるが、現実には近親相姦を犯すことは許されない。そこで母方のおじ（母の兄弟）の妻がユルグの母の役目を果たす。このことは次のような説明によって正当とされる。夫婦は本来男女一組の双子であるべきだし、母とその兄弟（母方のおじ）は双子のノンモを象徴しているのであるから、観念上ある　は理想上では母とその兄弟は夫婦である。それ故少年は母方のおじを象徴的な意味で真の父であるとみなす。そうなるとおじの妻は少年にとっては母と象徴的には同様の関係にあるとみなしうる。なぜならば、一方はおじの現実の妻であり他方は理想上の妻であるという区別があるに過ぎないのだから。こうして少年が母方のおじの妻を母の代りとすることが可能になる。少年はおばを「わが妻」と呼び、おばは少年を「わが夫」と呼ぶ。両者の関係はきわめて自由であり、性的交渉すら許される。こうしてユルグとその母の関係（近親相姦）が再現される。

また少年は双子の姉妹を隠されて双子性を失なったユルグであり、失なわれた女性魂を、いいかえれば妻を探索している。母方のおじは彼のために女性魂の代りとなるべき妻を探してやらなければならない。妻は母方のおじの娘であることが望ましい。なぜならば、神話との対比からいえば、少年はおじの息子であり、おじの娘とは兄妹である。これら二人が結婚することによって、双子の兄妹がそのまま夫婦であるという原初の理想状態に近づくことができると考えられているからである。

理想的には夫婦は兄妹であるべきであるが、現実には父は母の兄弟ではない。このことから親族関係を規制する以上のような諸観念が導き出される。更にここで注目しておかなければならないのは、甥と母方のおじとの関係とある意味では密接な相互連関を有している父と子、殊に長男との関係である。子供は生まれつきの不完全さについて父に恨みを抱くのみならず、父が彼を生ませたことと自体を許せない。父のこの介入のために彼は完全に母の子であること、すなわち完全に母方の根から生じることができなかったのだから。

ドゴンの社会を構成する基本的な集団は強固に団結した父系血縁集団である。社会が父系血縁集団を単位として分解してしまうことを恐れる意識が、個人が属する血縁集団とその個人の里方に当る血縁集団を強固な絆で結びつけることを可能にするこれら一連の観念を生んだのではあるまいかと推測することもできる。しかし、神話の世界を一つの要因であまりに単純に割りきると、人間の動機を単純に考えすぎた場合と同様見当はずれの判断におちいることが多い。

ドゴンの社会生活の中に神話を象徴する事象を探しはじめたら際限がない。最後にいくつか断片的な例をあげるに留めたい。

球型の壺は子宮と共に太陽をあらわす。家族の住む大家屋は十の壁がんと八つの室からなり、八人の始祖と十本の指を想い起こさせる。村落は横臥した人間の身体の如く拡がっている。北の鍛冶炉と村落評議会の集会所は頭部、石の燈油台と村の祭壇は男と女の生殖器の部分である。聖祠の絵は発芽をたすけるものとされ、砂上や洞穴内によくみかけられる記号は運動する世界とその膨張の図である。またシリウス星は、知られる限りで最も小さく最も重い物体である穀物のフォニオと同一視されている。この星は円錐の螺旋形の運動で宇宙の胚種を放射していると考えられ「世界の卵」と呼ばれている。

フランスの民族学者グリオールは、彼の二十年間の研究をもってしてもなおドゴンの神話の豊かさを汲み尽すことができなかったと述懐している。神話の内容は現実の世界と同様に複雑多岐にわたり、しかも地方や親族集団毎に多少とも独自の異伝をもっている。これらの神話の意味するものしかしそれらの異伝に共通な主題を見出すことができる。

を全体的に把握しているのは種族の生活の奥義に通じたごくわずかの長老たちでしかない。しかし人類学者たちの採集した断片のいくつかを読み較べてみると、それらの異伝に共通な主題を見出すことができる。

神話C

創造が行なわれる以前には、天の創造神アンマだけが存在していた。アンマは大地を造って妻とした。

アンマと大地との最初の交わりのとき、大地の陰核である白蟻の巣が邪魔になったので、アンマは白蟻の巣を切り倒した。こうして陰核切除がほどこされ、大地は従順になった。

切除がほどこされる前の困難な交わりから魂をひとつしかもたないひとりぼっちのユルグが生まれた。この不完全な生きものの誕生は世界の秩序を乱した。

アンマは新たに、切除の済んだ大地に近づいた。すると神の精液である雨が降り注いで大地を孕ませ、大地は一組の双子のノンモを生んだ。ノンモは柔軟な関節と、未来の植物を予告する緑色の毛でおおわれた滑らかな皮膚をもっていた。

ノンモは裸でいる母＝大地に繊維の腰布を着せた。しかし、ひとりぼっちのユルグは妻が欲しくなり、腰布を取り去って最初の近親相姦を犯した。ユルグと大地の間に生れた子供であるイエバンもイエバンの子供であるアンドゥンブルも共に藪の中に住んでいる。

この近親相姦に続いてはじめて月経の血が流れ、それはユルグに最初の言葉を教えた。

アンマは汚れた妻、もはや彼にはふさわしくなくなった妻から離れてただ一人創造の仕事を続けた。彼は粘土で一組の男女をつくり、この男女は、男女各四人から成る八人の祖先を生んだ。この八人の祖先から八十人の子供が生まれ、彼らは地上のあらゆる地方に分散して住んだ。

これらの人間たちは死を知らなかった。年老いると彼らは、大地の子宮である蟻塚の中で、水と言葉になったノンモの力によって一連の変身をさせられた後、自らもノンモとなって天に昇った。

第七代目の祖先は大地の胎内で、ノンモの言葉を学び、それを子供たちに伝えた。ユルグに啓示された最初の言葉に続くこの新しい第二の言葉は人間にユルグに打勝つ力を与えた。爾来、新しい秩序の中では、ユルグは世界の秘密を明かす力を有するのみで、支配する力はもたないことになる。

さて天上では大祖先たちがポーという穀物のことが原因で争いはじめた。そこでノンモは鍛冶屋である祖先を地上におくろうと決心した。この文化英雄はすべての生物・鉱物・技術・制度等のはいっている穀倉を虹にそって運び下ろした。

彼がもたらした世界の新しいシステムはこのとき啓示された第三の言葉の中に表現されている。

次に死の起源については次のように語られている。ユルグが近親相姦を犯した後、血で汚れた腰布は陽に当てて乾かされ、蟻塚の上に置かれた。ひとりの女がその布を盗んだ。その布が彼女に大きな力を与えたので、男たちの嫉妬を呼び起こした。或る日、若者たちは女からその貴重な腰布を奪い取った。彼らはそのことを部族の最年長の老人に隠しておいた。それは老人たちを敬いその指図に従うことを命じる伝統から離反する行ないである。

やがて、すでに蛇の姿に変身していたその老人は若者たちの違　を発見し、人間の言葉で激しく叱責した。このため老人はタブーに触れて、たちどころに死んでしまった。蛇に変身したものは精霊の言葉しか用いることができないという掟があったのである。

これが最初の死である。そこでひとびとは肉体が腐ってそこから解放された霊力を新しい肉体に宿らせるための儀式を発明しなければならなかった。

この霊力はたまたま赤い布を身にまとっていた妊婦に宿った。彼女は月満ちて、蛇のようにうろこのついた赤い色の子を生んだ。その子は成人して、最初に死んだ老人である祖先に仕えるべく聖別されるまで普通の体に戻らなかった。少年の聖別の日、ひとびとは大木を蛇の形に彫刻してあの老人の霊力の宿とした。こうしてひとびとは最初のシギの祭りを祝い、少年はアワ結社のはじめての結社員となった。

神話D

創造神アンマは相擁すべき相手を欲して粘土で妻を造った。彼女は大地となる。男性の性器は蟻塚からつくられ、陰核は白蟻の巣からつくられた。このとき以来、女性元素は白蟻の巣に宿り、男性元素は蟻塚に宿るようになった。アンマ（神）が妻である大地に近づくと、白蟻の巣は大地が男性であることを主張して神を拒んだ。そこで神は障害物を除去し、かくして陰核切除を受けた大地と交わった。

この混乱のために、最初に生まれた子はジャッカル（金狼）の姿をした単性の（男性の魂しかもっていない）男の子だった。

神は切除を受けた大地と再び交わり、今度は双子のノンモを生んだ。ノンモの身体は神の種子、すなわち水からできていた。これら二つの存在（ジャッカルとノンモ）は宇宙の展開運動がすすむにつれて次第にアンマ（創造神）にとって代わり、主要な働きをするようになる。

神の最初の子ジャッカルはひとりだけで生まれてきたので相手がなく、大地＝母と交わった。このために地上の秩序は乱れる。神は大地から離れて二つの粘土の球をつくった。その球から最初の人間の夫婦が生じ、彼らは双子を生んだ。しかしこの最初の双子の誕生の後には双子が生まれることはきわめて稀になった。そこで世界の管理者である双子のノンモは、各人に男女二つの魂を与えることにした。しかし、ノンモのこの処置も結局は間に合わせに過ぎない。最初の人間が生まれて以来、アンマは天に最初の夫婦の八人の子供のおのおのに対応するよう一対の動物をつくった。魂を共有する動物と人間との結合（混合ではない）は、ひとびとが水の精に変身して天に昇ったときにはじめて実現する。しかし、このことは最初の八人の祖先に当てはまるのみであり、その後の人間達は世界の再創造のときまで待たねばならない。

天から地上に下ってきたすべての存在は、八つのカテゴリーのいずれかに属する。この神話時代以来今日に到るまで、ひとりの人間が生まれると、その人間と同性の動物が生まれる。この動物は彼と運命をともにする。両者は一種の双子とみなされているのである。

さて、先に述べた人間の最初の夫婦の出現は独自の重要な意義をもっている。最初の女は切除しないで夫と交わった。彼女は妊娠して双子を生んだが、罰は陰核にむけられ、陰核は落ち、さそりの姿となって走り去った。さそりの毒は水と出産の際の血とから成っている。一方、それより前に割礼によって切りとられていた夫の包皮はトカゲとなった。

神話E

太初に神（アンマ）は天空に土くれを抛って星辰を創造した。それから神は二つの白い壺を造り、そのうち一つには赤い螺旋状の銅を捲いて太陽とし、他の一つには白い銅を螺旋状に捲きつけて月とした。黒人は太陽の許に生まれ、白人は月夜に生まれた。

粘土の他の塊を使ってアンマは女性である大地をつくった。大地は北から南へと身体を延ばしており、蟻塚はそのセクスであり、白蟻の巣はそのクリトリスである。神（アンマ）はクリトリスを切り落した（成女式の陰核切除のはじまり）のち大地と結婚して金狼（ジャッカル）を生ませた。次に、眼は赤く、身体は緑、柔軟な肢体を持った精霊ノンモたちが生まれた。ノンモたちは、その母なる大地が裸身なのを見て、金銀の総《フサ》――水を意味する――のついた繊維を持ってきた。ところが金狼は、蟻塚に分け入って近親相姦を犯し、このとき流れ出た月経の血が繊維を赤く染めた。この原罪によって大地は不浄なものとなった。

その後、ただちに神は粘土から人間を創造した。これらの人間はそれぞれ男女両性の要素を兼ねそなえていたが、割礼と切除が教えられてから性の識別が可能になった。

始源期には八人の始祖がいたが、これがドゴン族を分ける八家族の起源である。ノンモの一人は「言葉」を与えられ、それを織機とともに蟻に教え、蟻がさらに人間に教えたのである。また八種の異なった穀物が八家族に分けられたが、それが食べ尽されてしまうと、二人の始祖は分与されていなかったフォニオまでも食べてしまった。そんなことの果てに彼らは天から逃げ出したが、これが最初の祖先たちが世界を構築するきっかけとなった。

世界はドゴンが用いる笊の形をしている。この笊は正方形で、口は丸く大きいが、世界の笊は粘土でできており、逆さに伏せてあって、底が露台になっている。底は太陽を表象し、台は天を表わす。おのおのの側には十段の階段がある。北側の階段は人間と魚を、南の階段は家畜、東側の階段は鳥、西は野獣、野菜、昆虫をそれぞれこの世界にもたらす。祖先は火を盗み、露台の上に最初の鍛冶炉を据えつけた。ノンモたちは祖先を砲撃し、その肢体を毀損したため、それまでは柔軟であった肢体は関節から成るに至った。その後、彼らは露台から降りて最初の原野を造った。

彼につづいて他の始祖たちも降りてきたが、八番目の始祖の方が七番目の始祖より早く降りたので、後者は怒って蛇に変身してしまった。人間たちはこの蛇を殺して食べた。彼は人間たちを救うために自らすすんで犠牲になったのであるともいわれる。八番目の始祖、「言葉」の主レベが死ぬと、七番目の祖先である蛇は、これを石に変えて嚥み込んでしまった。このようにしてレベは九番目の始祖として再生した。

神話と文化史

本書においては、神話を解釈するさいに歴史的観点をいっさい無視してきた。それは歴史的な観点が不必要であるからではない。断片的な素描の試みという本書の制約から歴史的背景にまで言及する余裕がなかったからであり、更には筆者の手もとにある資料の制約から、或る時点におけるその社会の生活構造から神話を理解するという方法しかとりえなかったからに過ぎない。

すべての文明が広大な人類史の地下水から湧き出る泉あるいは海面に現われている島の部分であると考えられねばならないように、神話についても、はるかに広範な底流あるいは背景と関連させるときはじめて、ひとつの種族が何を達成し、何を創造したかを明らかにすることができる。この達成と創造はおそらくその種族の生活構造の特質と不可分のかかわりをもっているはずである。ともあれここでは、われわれは或る時点に視線を集中しなければならない。

右に引用したのは、ドゴンの壮大かつ精緻な神話体系の概要とすらいえない断片に過ぎない。しかし、これらの断片を読みくらべることによって、ドゴンの神話の主題と考えられるものを探り出すことができる。それらの中にはドゴンの神話の文化史的な背景の時間的・空間的な広がりを示唆するに足るものが少なくない。天と地の結婚およびその後の天地の分離、神の言葉による世界の創造、神による世界の再創造、言葉の啓示、祖先と水の結びつきなどがそれである。このうちたとえば天地の結婚とその分離のモチーフは東南アジアからインドを経て西スーダンに至る広範な地域の農耕民の社会にみられる。神の言葉による世界の創造といった観念に出会えば誰しも旧約聖書の創世記を想い起こさずにはいないだろう。かつてのヨーロッパの学者の中には、性急にキリスト教の影響を考えるひとびとがいたが、それについては何の根拠もない。その見解同様に証明されてはいないが、きわめて古い共通の伝統が一方では旧約の信仰へと展開し、他方ではドゴンの神話体系にみられるような変貌を遂げたと考えることもできよう。いずれにしてもまだこうしたことは単なる憶測の域を出ない。

これらの主題についてはその文化史的背景を明らかにし、更にドゴンの社会生活の中に位置づけることによってはじめて真の意義を把握することができるだろう。ドゴンの世界観はそのような研究の後はじめて全貌を現わすと考えられるが、ここでは、先に引用した断片を手がかりとしていくつかの思想的な内容をとり出すことを試みたい。

ドゴンの神話が体系をなしているとすれば、それはあくまで神話の体系であって、完全に概念に翻訳することができるものではない。すべての神話的形象、そしておのおのの神話はそのような形においてしか把握することも表現することもできないような体験の象徴あるいは等価物なのである。これらの神話体系が示しているのは論理の首尾一貫性ではなく体験の統一である。ドゴンの社会にあっては人間生活ないしは人間の体験の基調が神話空間によってのみ把握しかつ表現することができるような性質のものであることを認めなければならない。とすれば、たとえばドゴンの神話において世界と社会と人間個体が同一の秩序に貫れていることは、ドゴンの地において人間の体験がどのようなものであるかを示唆しているはずである。すでに述べたごとく、現実の世界はさまざまな形で神話を象徴している。これらの象徴を通して神話空間はいわば現実日常空間の中に浸透している。おそらく、種々の祭儀のクライマックスにおいてはひとびとは神話空間の中へ没入するのであろう。太古、蛇の姿で死んだレベの仮面をかぶり、あるいはそれを眼にするとき、ひとびとは、若者の不敬がこの世に死をもたらしたというあの神話の恐れと悔恨の空間に身を置く。

不毛の岩山にあって耕作にエネルギーと智慧を注ぐドゴンのひとびとを結ぶ社会的な絆は共通な

祖先の存在である。死者＝祖先との共存は社会生活が存続するための不可欠の条件である。しかも死者＝祖先たちは自然力、ひとびとが全力を傾けて働きかけてもなお測り難い反応を示す自然の力と深いつながりをもち、あるいは同一視されている。こうした社会における人間の認識と体験の構造、あるいは秩序の正当化への努力をこれらの神話にみることができよう。

神

ドゴンも世界を聖なる力のあらわれとして理解している。ここではアンマは創造神としての性格を比較的顕著に示しているといえよう。神話Aにおいては、神の言葉による宇宙の創造という観念すらみられる。言葉はドゴンの神話において重要な意義をになっているにもかかわらず、この「神の言葉による創造」というテーマは十分には展開されていない。

性と創造

しかもこの同じ神話において、神は、女の胎内に生命の種を植えつけるもの（男＝父）として描かれている。このことは、神の子であるとともに人間の祖先でもあるノンモやユルグが原初の胎盤の中に宿っていたという点からも確められる。最初の人間ないし神の子の出現は誕生のイメージをもって描かれているのである。ノンモが胎児の象徴である魚の形をしていることなどもそのあらわれといえよう。

これにたいして、神話C・D・Eにおいては、明らかに天地の結婚という観念がみられ、神による創造という観念と併存している。これらの神話においては大地は常に女＝母であり、大地が孕む神の子は人間の神話的祖先ともなる。

激しい乾季の太陽に焼かれて死の色におおわれた砂岩の丘や断崖に雨季の最初の雨が降り注ぐと

あたりは急に緑の地に変貌する。大地から無数の生命を奔出させる慈雨をひとびとは神の精液と感じ、それは生命附与者としての神の象徴となる。創世の過程は少なくともその一側面においては産みの過程であり、神から人間に至る存在の連鎖は父子の関連として、いいかえれば血縁で結ばれた世代の継起として考えられている。

ドゴンの創世神話においては、少なくともここにみられるかぎりでは、神と人の分離というモチーフは出てこない。しかし、ユルグによる最初の近親相姦の後、神が地上を去るというモチーフは一般的である。神が去った後地上を訪れるのは大祖先たるノンモである。ユルグによる反逆と近親相姦、その結果起こる秩序の攪乱、不浄になった大地へのノンモの到来とそれに続く社会生活の建設組織といった一連のできごとはドゴンの神話のひとつの焦点、鮮明にして劇的なイメージであり、現在の人間生活は無数の糸でこの創世の時期に結びつけられている。いずれにしても、アンマ（神）は神話が展開するにつれていつの間にか背後にしりぞき、ノンモやユルグが主要な登場人物となる。

この点に関連して注意すべきは、神話Aにおけるように宇宙の自律的運動による展開という考えがみられることである。宇宙の運動は、最も小さく最も重い種子が螺旋状運動によって無限に拡大していく過程としてとらえられている。ここにも、神は世界を創造した後はその運命には介入しないという思想があらわれているとしてよいだろう。あの「はるかなる神」の観念はドゴンの神話においても生きているのである。

ユルグとノンモは創世神話の中核をなす形象であり、これらの性格本質を明らかにすることはドゴンの世界観を知るうえで不可欠であり、かつきわめてみのり多いと思われるが、ここでは断片的に触れることしかできない。

神の長子

ユルグとは西スーダンあたりに野生している銀狐に似た動物の名前であるが、神話中のユルグを単に銀狐を擬人化したものとするような見解はここでは問題にしないことにする。ユルグは最初に生まれたもの、すなわち神の長子であり、ユルグの不完全さは或る意味では最初の存在がもつとされる不完全さのあらわれである。すでに神話と親族組織の関係について述べたように、息子はユルグとみなされ、その不完全さの故に父を恨んでいるとされていることなどを考えれば、ユルグの反抗には父と長男の間の緊張関係が反映しているといえよう。ユルグを、父への反抗およびそれに続く母との結婚という面からとらえ、エディプス・コンプレックスの投影として説明する研究者もいる。男の子をユルグとみなすことは、彼を母のおじに結びつける絆、すなわち母方父方双方の父系血縁集団を結びつける絆のイデオロギー的な支えとなっていることは明らかである。こうした観点からユルグを理解するためにはドゴンの親族組織の更に進んだ研究が要請される。しかしこうした観点だけにとどまることはできない。ユルグの本質を理解するにはそれらをも含めた更に重層した観点が必要である。なによりもまずユルグのイメージの背後には、このような形象によってしか表現できない認識と体験があることを、絶えず想起しておかなければならない。

ユルグの一種の反逆によって創造の秩序は乱れ、双極性を失なった存在が出現する。ユルグの反逆と近親相姦は地上からの神の離別の原因となり、また社会生活の開始のためのきっかけとなる。そしてユルグも何事かを創始する。ユルグと共に双極性の喪失とその回復の試みという、ドゴンの生活と思想において中心的な機能を有するモチーフがあらわれるのである。

人間の条件

ユルグをめぐる神話は他の多くの種族の天地分離の神話ときわめて近い何ものかを含んでいる。彼は反抗し、湿っぽく暖かい母の胎内から脱出し、自ら選んだ不毛の大地で生活をはじめる。彼の背後で扉が閉ざされる。永遠に孤独＝不完全であり、心休まる間とてなく、彼は失なわれたもうひとつの魂を空しく探索し続ける。

ユルグは不条理な世界における人間の孤独や不安、生への意志、形成への意志を拡大具現しており、それ故いささか戯画化されたイメージであると言えるかも知れない。

恐らく、荒涼とした岩山の藪を跳梁する孤独な銀狐の与える印象や、親族関係の中の若者の姿、ひそかな緊張をはらんだ父と長男の関係、乾上った不毛な断崖、そこに降る深く広大な夜、ドゴンにおける死、更にはひとびとの神話的直観がとらえ得た世界の根底にある混沌＝無秩序等がユルグのイメージの背後に堆積しているだろう。そして、無秩序と夜と乾燥と死と不毛を司るユルグは同時に、この世界を支えている聖なる力アンマの秘密を占者に伝える機能をも果たす。そしてこのようなユルグがノンモと共に世界の存続のために欠くことのできない存在であるとされている点にドゴンの世界観のひとつの大きな特徴があると考えられるが、その点については後に再び触れよう。

ユルグと対照的な双子のノンモは存在の理想的な構造である双極性の具現であり、水と言葉の象徴である。

水と言葉と生命

ノンモは緑の毛におおわれている。スーダンの岩山で緑が意味するものを理解するのは容易だろう。神話においては、ノンモの到来は同時に雨と光と清浄な沃土の到来だった。彼は水の精であり、ひとが誕生するときにはその魂を与える。つまり、ノンモにおいて、水と生命と言葉の不可分の関連が具現しているといえよう。

双極論

ドゴンの思想の中心テーマの少なくともひとつは疑いもなく、存在の双極性ということであろう。すべての存在は自己の内に双極を有しており、かつこの二つの極の間の往復運動を続けている。この運動によって双極は互いに相手を支え、それによって事象の存在を支えている。宇宙全体もこのような構造をもったひとつの統合体と考えられている。

双極性は本来双子性ともいうべきものである。それは相交わることによって創造する一対の男女のイメージである。しかし、双子ないし双極は独立した二つのものとして存在するのではない。それらは一対となってはじめて完全な存在であり、どちらか一方だけならば、不完全な片割でしかない。要約すれば、ドゴンの双極性の原型は双子としての一対の男女であり、存在を保持し展開し創造するものはそれら相互の間の往復運動であるといえよう。

この双極性の原理と関係があると思われる他の重要な思想がある。ここでは一見相対するように思われる事象や価値はすべて対をなすものと考えられ、しかもその双方ともに世界の現実として、或る正しい秩序の保持のために不可欠なものとして積極的に受け入れられる。すでに繰り返し述べたように、ユルグとノンモは世界の存続のために双方とも不可欠である。ノンモの任務はユルグの領域である混沌を一定の制限の内部にとどめておくことであると考えられている。いいかえれば、世界が存立するためには秩序と混沌、生と死、豊饒と不毛、これらすべてが共に不可欠なのである。地上の新しい秩序はノンモがユルグを絶滅することによってではなく、双方が適正な領域を占めることによって確立された。

盲目の賢者、かつての偉大な狩人オゴトメリはグリオールに秩序の維持の助けになるのは明瞭な無秩序であると述べている。

ここに、ドゴンが体験した、世界の根源的な構造、ことにその多義性あるいはあいまいさが表明されている。このような世界にあって、いかにして人間の体験に統一をもたらすかが意識されているかどうかは別として、ドゴンの神話をつらぬく主題となっているのである。

第五章　アフリカの万神殿――フォン族

自然と生活

サヴァンナ　フォン族が住むギニア湾の深部にあたる地方では、森林地帯がとぎれてサヴァンナが海岸にまで達している。この地方は降雨にも植物の繁茂にも程よく恵まれており、同じ土地にヤム芋とトウモロコシを数カ月へだてて栽培する集約的な農業が可能である。

王　国　フォン族の社会はこれまでに述べた三つの種族にくらべると著しい差異を示している。彼らはギニア湾岸のダオメに特異な体制をもった植民国家を樹立した。ダオメ王国の権力は高度に中央集権化しており、少なくとも理論的には、すべての官吏の任命権が王の手中にあった。

経済活動も厳重な統制を受けた。国家の経済を支える奴隷や輸出用の椰子油はもとより、食糧用の穀物までが統制の対象になったという。土地所有という面からみれば、国王が唯一人で王国全土を所有していた。

王族の成員は若干の特権を享有していたが、国の政治に介入することは許されなかった。王は七人の高級官吏を任命した。彼らの妻は「母」と呼ばれ、宮廷では官吏である夫よりも高い地位を占めていた。王自身も形式的には母后（王の母）よりも低い地位にあった。国家の行政は国全体、村、小地区それぞれのレベルの首長が協力して行なえるような仕組みになっていた。

この王国では職能分化が高度にすすみ、厳格な階層制が社会全体を貫いていた。官吏や祭司が上位を占め、その下に農耕を行なう平民の階層があり、更に農奴や奴隷が続いた。

個々人を結ぶ絆、あるいは家族群からなる集団といった面からみれば、社会結合を支えるのは親族の観念であるということができる。住民はすべていずれかの父系クランに属しており、社会生活の単位は父系の拡大家族が住む家屋敷である。その長には最年長の男がなる。一夫多妻が多くみられ、家屋敷の中では、各妻が自分の小屋をもっていて、そこに子供たちと住んでいる。

万神殿

整然と組織され、高度に階級分化のすすんだこの社会に万神殿が対応している。この万神殿には、複雑な系譜の中に位置を占め、各自の一定の役割をもった多数の神々が集まっている。王が至高神と特別のつながりがあるとされ、あるいはその神の象徴であると考えられていることからも分かるように、万神殿は王権ないし王国としての体制を支えるイデオロギーとしての役目を果たしていることが注目される。

信仰や儀式における分化は著しく、おのおのの神に、もっぱらその神だけを祀る祭祀集団が属している。それらの集団は一種の宗教結社ともいうべきものであり、成員は或る特定の神への尊崇と奉仕を共通にしている。たいていの住民がこうした結社のいずれかに所属しており、結社員の団結は宗教以外の面でも重要な機能を果たす。

万神殿《パンテオン》の最上位を占める創造神リサ・マウは、宇宙を彼の十四人の子供に頒ち、おのおのに天、地、雨等の特定の領域を与えた。これら二代目の神々も、その力を彼らの子供たちに分配した。この三代目の神々はすでに数えきれないほど大勢に増えていた。こうして、みのりをもたらす雨、土砂降りの雨、永く続く雨、雷雨、突然の落雷等がそれぞれの責任者をもつことになったのである。こうした神々をヴォドゥと総称するが、おのおののヴォドゥは独自の神話、儀式および神殿をもっている。ヴォドゥには更に祭司と入社式を通過した者たちの集団が属している。この点については先に触れた通りである。このほか、神格化された死者はトヴォドゥと呼ばれ、生者と神々の間を結ぶ仲介者としての機能を果たす。結社の成員が死ぬと、儀式の途中で、神が、死者の後継者となるべき者の頭上に《降り》、後継者は神霊との接触によって異常な精神状態に陥いる。

こうしたヴォドゥの祭祀のほかに、おのおのの親族集団の内部では祖先祭祀が行なわれる。このときはその集団の首長（多くは最年長の男）が祭司となる。社会生活において祖先祭祀が重要であるのみならず、トヴォドゥといったかたちでヴォドゥ祭祀においても祖先が顕著な位置を占めていることが注目される。

創世神話とその解釈

神話A　サグバタ（大地の神々）はマウとリサの子供たちである。マウは一柱の神であるが二つの側面からなっている。その半身は女性で、そこにある眼は月である。他方の半身は男性で、そこにある眼は太陽である。太陽を眼としている側面はリサと呼ばれ、昼の世界を支配する。これに対して、月を眼としている側面はマウと呼ばれ、夜の世界を支配する。

マウ＝リサは両性具有の神であるから自ら身籠った。最初に生まれたのは男女一組の双子である。男の方はダ・ゾジ、女の方はニオウェ・アナウと名づけられた。次に生まれたソーはひとりで男女両性を兼ね備えていた。三番目に生まれたのは男女の双子で、男はアグベ、女はナエテと名づけられた。四番目は男の子で、アジェと呼ばれる。五番目もやはり男の子で、グーと名づけられた。グーには頭がなく、首から大きな剣がはえていた。六番目に生まれたのは神ではなく、ジョ（空気）だった。空気は人間を創造するために必要だったのである。七番目に生まれたのはレグバである。マウはレグバは末子だから甘やかそうと思った。

或る日、マウリサは全部の子供たちを呼び集めて、おのおのに支配すべき領域を割り当てた。最初に生まれた双子にはすべての富を与え、地上へ行ってそこに住むよう命じた。こうして大地が彼らの領域となった。マウはソーには天上に残るよう命じた。ソーが親と同じように両性を兼ね備えていたからである。アグベとナエテは海に住んで水を支配するよう命ぜられたし、アジェは狩人として藪に住んで、獣と鳥を支配するよう決められた。

さて、マウリサは、グーを自分の力あるいは道具として造った。このため彼には頭が与えられていない。グーの働きのお陰で地上に藪でおおわれていない部分ができた。人間に幸福に暮らす道を教えたのは彼である。

ジョは天と地の間の空間に住むことになった。彼には人間の生命が委ねられる。こうして子供たちにおのおのの領域を割当てた後、マウ＝リサは地上へ降りる神々におのおの異なる言語を与え、天上で用いていた言葉の記憶を奪ってしまった。このときジョには人間の言葉が与えられた。

最後に残っていたレグバには、マウ＝リサは次のように申しわたした。「お前は末子で、甘やかされて育っているから、他の子供たちと同じように扱うわけにはいくまい。お前はこれから先もずっと私のそばに住ませよう。お前の役目は、兄たちが治めている領域を訪れてきては、そこで起こっていることを私に報告することだ」というわけで、レグバは兄たちが用いるさまざまな言葉も、天上でマウ＝リサの用いる言葉もすべてを知っている。爾来、もしマウの子供たちがマウに話しかけたいことがあれば、レグバに託する以外に道はない。神々も人間も創造神マウに語りかけるためには、かならずレグバを通じなければならないのである。

神話B

サグバタとソー（別名ソグボ）は兄弟である。創造神マウは、世界を創造した後はもはやそれに関与することを止め、息子であるサグバタとソーに世界の支配を委ねたと言われている。或るときこの兄弟は喧嘩した。兄のサグバタは天上を去って地上に住むことを決心した。彼は長男だったから、母の財産も含めて、相続すべきものを全部たずさえて地上へ降りることになった。

このとき、母マウは二人の兄弟を諭して言った。彼ら二人は閉じたひょうたんのように一体になり、世界はその内側に入らなければならない。その際、サグバタは兄だから下の大きい部分になり、ソーは弟だから上の部分になるべきである。二人とも天上から降りてそのようにならなければならないと。しかしソーは母の言うことを聞かず、母のもとを離れようとしなかった。残酷な弟のソーは母のもとに残り、火の名に因んで、ミヨミヨあるいはソグボと呼ばれるようになる。

一方サグバタは、いったん降りはじめるともう上へ戻ることができなくなってしまい、下へ下へと降りていった。そして遂に地上に着いてそこで新しい生活を始めるのである。

天上にとどまったソーは、やがて母や彼女をとりまく他の神々の信頼を得る。そして或る日、ソーは雨を止めてしまった。

地上ではきびしい旱魃がはじまる。このときサグバタは、地上の人々の間で王に選ばれていたので、彼らの抗議にさらされた。「あなたがわれわれのところへきたので、われわれはあなたを王に選んだ。そのために雨が降らなくなったのではないか」。サグバタはただ、「雨は間もなく降るだろう」と答えた。しかし、一年経っても雨は降らなかった。二年経ち、三年経っても雨は降らない。

ちょうどその頃、二人の人物が天から降りてきて、ファすなわち運命の文字について説教していた。ひとびとはこのことをサグバタに告げる。彼はその二人を招いて、何故雨が降らないのか理由を明らかにしてくれるよう乞うた。彼らにははっきりしたことは分からなかった。彼らの役目はファについて説教することだけだったのだから。彼らの知っているのは、天にいる弟のソーが怒っているということだけだった。

やがてファ（サグバタの母の文字）の力によって事情がわかり、二人の男はソーをなだめるようサグバタに勧めた。サグバタは、今では天はあまりに高く、自分にはもはやそこへ昇って行く力がないと答える。また次のようなことも言う。地上へ降りる前、母は自分にすべての富をたずさえて行く権利を与えてくれた。自分はそれらを袋に入れたが、水は袋に入れることができないので天上に残してきた、と。それを聞いて二人の男は、水が今では弟ソーの支配下にあることを告げる。そこでサグバタは、雨を降らせるにはどうすればよいかを二人にたずねる。天からきた二人の男の答えは次のようなものだった。雨を降らせたければ、犠牲を捧げる際にはいつでも地上の富の一片をソーの親友であるウトゥトゥ鳥に与えるようにすればよい。そうすればトゥトゥ鳥はソーに雨を乞い、その願いをソーは聞き入れるだろう。

サグバタは勧められた通りにした後、ウトゥトゥに、「ソーのところへ行って、世界の支配権を彼に譲るつもりでいると伝えてくれ」と頼んだ。ウトゥトゥは天へ登って、ソーにこのことを告げる。

ソーはこれを聞いて、「兄のところへ行って伝えてくれ。彼は長男で母の富を全部相続したけれども、愚かものだから、宇宙の力ともいうべき二つの重要なものを残していった。弟である私は今後この二つのものを用いて、サグバタのすべての富を支配する」と言った。これら二つのものとは、火と水である。

そこで、ウトゥトゥはただちに地上を目指して飛び立った。彼が天と地の中間あたりまできたとき、沛然として大雨が降り始めた。

ウトゥトゥが地上に着いたとき、アグバタは大いに喜んでいた。そして彼はこの鳥を殺すことを禁じる。もし誤って殺したら盛大な儀式をもってつぐなわなければならない。

ともかくも、この日二人の兄弟は和解した。これが、毎年かならず雷が地上を訪れるようになった理由である……。

神話C　マウが男であるのか女であるのか、確かなことは誰も知らない。だが、多くの人々はマウを神々の母と考えている。伝説によれば、マウは世界を創造した。創造の業を終えたのち、彼女は地上を去って、天に住居を定めた。天上に去ってからは、彼女は、二度と地上に戻ろうとはしなかった。マウが去ったのち、人間たちは自分自身で物事をなすすべを知らず、地上では何一つとしてうまくいかなかった。彼らは土地を耕やすすべも布を織るすべも知らず、何事につけても互いに争うばかりして明け暮れしていた。

そこでマウは、人間たちを導くためにひとり子リサを地上へおくる。それに先立ってマウはリサに金属（グー）を与え、グーの力で藪を切り開いて耕地をつくり、人間たちには、金属を用いて道具をつくる方法を教えるよう命じた。

リサは天上の母の国をあとにして、グーを伴って地上へ降った。グーの助けを借りて、リサは頑固な樹々を伐採し、地上をおおう藪を切り開き焼払い、人間たちが集り住む村とその周囲の耕地とをつくった。それから彼は人間に家を建てることを教えた。全ての任務を終えると、リサは次のように母の言葉を伝えた。「金属がなければ人間は生きていくことができない。障害を克服するためには、人間は金属を用いることを学ばねばならない」、こう言い終るとリサは天上へ帰っていった。

リサの仕事はマウの心に適った。この報酬としてリサは太陽を棲家とすることを許される。グーを伴って太陽に移り住んでいるリサは、現在でも、そこから世界中のできごとに目を配っているという。

神話D　元来レグバは誰に対してもきわめて親切であった。彼はいつもマウのそばで暮らしていたので、彼が何かよい事をすると、人々はマウに礼を言った。その頃は、レグバはマウが命じたことだけを忠実に行なっていたからである。

或るときレグバは人々の怒りを買うようなしくじりをした。彼らがマウのところへ押しかけて抗議すると、マウは、「それはレグバのやったことだ」と答えるだけで相手にならなかった。

この時以来人々はレグバを憎むようになった。

或る夜、レグバはマウのところへいって、「なにかよくないことが起こるとすぐ私のせいにするのは何故ですか」と尋ねた。この問に答えてマウは言った。

「どんな国においても、首長＝王は常に正しく、悪いのは臣下だけであると思われていなければならないのだ。」

マウはヤム芋畑をもっていた。レグバは彼女に、盗人たちが、その畑のヤム芋を盗んで山分けしようと計画していると告げる。そこでマウは王国の住民を皆呼び集めて、最初にこの畑へヤム芋を盗みにきたものは死刑にすると申し渡した。

その夜は雨だった。レグバはひそかにマウのぞうりを盗み出して畑の中に置き、ヤム芋を全部持ち去ってしまった。翌朝になると、誰が犯人かひとびとの目には明らかだった。「自分のものを盗むものがいるとは！」とひとびとは騒ぎ、マウはすべて息子のレグバの仕業であると弁解しなければならなかった。

このときまでマウは地上に住んでいたが、この出来事以来、彼女は天上に住むようになる。その頃、天は地上僅か二メートルほどの高さのところにあったといわれている。

レグバがこのいたずらをして以来、マウはレグバの顔を見る度毎に叱りつけたので、彼は面倒くさくなり、悪企みを思いついて一人の老婆を誘った。彼は老婆に、天のマウがいるあたりへ水をかけるよう唆かした。老婆は、皿と壺を洗ったあとの汚い水をマウのいるところめがけて投げかけた。マウは怒って言った。

「ここに居たのではわずらわしいことが多すぎる。もっと遠くへ行かなくてはなるまい」。こうしてマウは、はるかな高所へと去り、レグバは地上に残った。

イデオロギー　一般に流布しているやや素朴なこれらの創世神話のほかに、専門の祭司たちが整備した創世観がある。そこでは、世界の生成について哲学的とも呼び得る複雑な思考が展開される。他方、万神殿《パンテオン》については、至高神の性質と地位が明確にされ、そのもとに、神のみならず王国を構成する諸クランの始祖までも組織的に位置づけられる。王国は神々の世界の人間世界における投影であると考えられ、王とその母（母后）は至高神のシンボルである。万神殿《パンテオン》の構造が王国の構造を支えるイデオロギーであるというだけではなく、神々の下す罰への恐れは王国の秩序を維持する上で大きな機能を果たしているのである。本来平等の原理を含んでいるクラン・システムを基盤として成立したにもかかわらず、その後次第に絶対性を帯びるようになり始めた王権を支えるイデオロギーは、祭司たちが整備してきたこれらの神話ないし宇宙観なのである。

創造の観念　次にその一部を瞥見しよう。世界の創造はただ一回限りの事件であるとは考えられていない。現存する世界が創造される以前に幾つかの世界が継起し、従っておそらく幾人かの創造者がいたと考えられている。

創造神マウ＝リサ自身はより古い世界に属する神々によって創造され、一方、現存するヴォドゥ（神々）はマウ＝リサから生まれた。マウ＝リサを生んだといわれる両性具有の神ナナ・バルクの名前は神話の最初に一寸顔を出すだけで、その後は姿を消してしまう。

いずれにしても、現在ある世界の始源にはマウ＝リサがいる。これまで述べたところから明らかなように、マウ＝リサはすでに存在している素材を用いて世界をつくったのである。それは《創造》というよりむしろ《形成》と言った方がふさわしい。

生命と思想

この世の初めには、なかば人格化された力であるダーがマウリサと共にいた。ダーは運動と生命を支配する力であり、すべて屈曲するもの、うねうねとしたもの、湿ったものの性質を示している。ダーは、世界を形成し秩序だてるマウの事業の道具ともなり助手ともなった。ダーとマウの関係は、ダーは生命であり、マウは思想であるという風に表現されることもある。あらゆる創造にはこの二つのいずれを欠くこともできない。

ヴォドゥ

マウは《ヴォドゥ》を生み、秩序だった世界の諸領域を彼らのおのおのに割り当てた。これらの神々(ヴォドゥ)の役目は創造することではなく、すでに創造されている世界を保持することである。この神々がくだす罰は恐れられており、彼らを祀る祭祀はきわめて重大な行事である。創世神話の主要なテーマのひとつは厖大な数にのぼる神々の系譜を明らかにし、また人間生活に影響を及ぼす諸力が彼らに委ねられた事情を物語ることである。

ヴォドゥ(神々)のうちで世界の特定の領域を割当てられなかったグーは、鉄の神であり、文化英雄としての性格も帯びている。或る系図によれば、彼はマウ=リサの長男であり、同じく鉄の神であるヘヴィオソとは双子兄弟の間柄である。また他の異伝によれば、グーは世界を形成するマウ=リサの道具であると考えられている。

創造の二段階

世界の創造ないし形成には二つの段階がある。最初の創造はマウ(肥沃にするもの)がダーの助けを借りて行なったもので、第二の創造は、リサ(力とあるいは火太陽の支配者）がグーの助けを借りて行なったものである。

ここでは二様の原理が明確に対置されている。その一方は、神秘的な生命力ないし豊饒の源である。他方はこのような生命力に形成作用を加えて秩序ある世界をつくりあげる力であり火である。そこでは常に鉄が顕著な位置を占めていることが注目される。

この再度の創造によって、それまで盲目であった人間の眼が開かれる。ヘヴィオソは最初の雨を降らし、豊饒の源であるマウは最初の種子をもたらし、その種子はリサとグーがととのえておいた耕地に播かれた。

このようにして創造された世界を維持して行くのは、すでに述べたように、マウ＝リサの子供たちヴォドゥの役目である。

人間生活の組織

さて、人間生活の組織に関する神話は二つの段階に分かれる。そのひとつは、人類が諸国民に分割された次第を物語る。他のひとつは、おのおのの国民が更に、諸クランの成員として分化し組織される過程に関するものである。社会生活において重要な意義をもつのは後者である。世界が開化される過程で、人間は社会生活を営むすべを教えられた。神話によれば、社会生活の基本的な構造はクラン・システムである。クランができる過程については、たとえば次のような説明がみられる。運命（ファ）の息子たちが天から降りてきて、運命の教義を説いていた頃には、地上にはまだ人間はごくまばらにしか住んでいなかったし、クランの制度もなかった。運命（ファ）の息子たちは、やがて超自然的な存在が地上を訪れて、さまざまな家系を創始するだろうと予言した。予言は実現し、それらのものたちは地上に現われた。あるものは河の流れから姿を現わし、或るものは地面の大きな穴からはい出し、山腹を裂いて現われ、雨とともに天から降り、更には、ロコの樹をつたって下りてきた。それらのものたちは、動物や植物や無生物、自然の諸現象などの姿をしていたが、人間の女と結婚し、その子供たちは、ひとつのクランを構成する各血縁集団の始祖となった。クランの超自然的な創始者は、社会生活の方式を完成し、規律を定め、儀式を組織し、自分を地上で代表すべき象徴を定め、タブーを設定した。

専門の祭司たちの洗練された思索が生み出した複雑な宇宙観が存在するダオメにおいても、一般に流布している神話には、他の諸種族の素朴な神話にみられるのと共通な思想の型を確認することができる。

まず、マウ＝リサが、世界の究極的な始源とは考えられていないことが注目される。マウ＝リサ自身も何ものかに創造されたのであり、その背後には、測り知ることのできない神話的時空をはらんだ広大な闇がある。

そうした背景のもとで、マウ＝リサは既存の質料を用いて、現在のような世界を創造した。ここでは創造は、より正確にいえばむしろ、形成し秩序立てることなのである。

絶対性の欠如

思想は確立された秩序の圏内で自足し、それをとりまく混沌にまで探求の手をのばそうとはしない。世界の始源に関するこれらの説明はすでに、絶対的なものへの志向の欠如を示している。事実、神話は絶対的な存在を知らないように思える。マウすらも、子供たちに別々の言葉を与えて彼らの力を分散する必要を感じるのであり、また、レグバのいたずらに悩まされるのである。王も父も絶対的な権威のイメージとしては登場しない。

偶然と必然

宇宙の秩序についても同様に考えられる。秩序は原初に確立されるが、それはただちに絶対的な決定論に導くものではない。世界には常に不可測の事象が残されている。

この思想は、万神殿《パンテオン》に、運命の神ファと偶然を司る神レグバが共存していることのうちに象徴的に表われている。いかなる場合にもファ（運命）は絶対的な支配者なのではなく、レグバが常にファ（運命）の支配に抗する力として働いている。両者の力の均衡の上に諸事象は進行するのである。反逆児としてのレグバのイメージは、権力が集中し、厳格に階層化しているこの社会においても、なお、そうした権力の絶対化を容認しない精神が働いていることを示すものであろう。そこでは、人間は常に、繰り人形となることを拒む。

連続性

絶対的なものへの志向の欠如と関連して、世界観における顕著な連続性を指摘できる。ここにかかげた創世観の中には真の断絶を見出すことができない。血縁集団のイメージを原型とするこの世界像においては、マウ＝リサから神々を経て人間に至る諸存在は、父と子の関係にも似た連続性を有するのである。この連続性はさまざまな形にあらわれている。クランの始祖は超自然的な存在であるが、人間たちは、実際にその血を受け継いでいる子孫なのである。そして、祖先祭祀は人間を、改めて超自然的な世界に結びつけ、人間のうちに宿るファやダーの一片は、人間を神々の世界との絶えざる相互作用の状態に置く。さらにまた、人間の個体を構成する諸要素の中には、マウの一片である神秘な生命力すら宿っている。

双極論

マウ＝リサは、ダオメの思想の別の側面をも示している。それは事象の多面性あるいは双極性というわれわれにはすでになじみの考え方である。或る神話によれば、マウは女であり、リサは男である。マウとリサは異質の、しかも対照的な力であり、この両者の結合によって世界が創造される。この結合の神話的イメージとしては、両者の結婚の結果世界の諸存在が生じたとされることもあるし、両者は分業し、双方の事業が統合されてはじめて世界の創造が完成すると考えられる場合もある。

生殖と創造

男女の結婚としての創造というイメージはすでにくり返してみられたものである。ダオメの創世観の顕著な特性はむしろ後の場合にある。すなわち、そこでは、一方では自然の神秘な豊饒力、他方では火と鉄を用いてそれに働きかける知性という、二つの要素が明確に対置されている。無秩序に繁茂する大地と、焼き払い、鍬で耕やし、整然たる耕地と村をつくる人間力との対比が創世観にまで投影されていることの中に、われわれは、階層分化した王国を支えうるまでに高められた生産力を有する人間の意識、これまでの諸種族にはみられなかった自負の表情をみることができる。

これまでに述べてきた諸種族の場合と同様に、創世神話におけるマウ＝リサのイメージは、すべての事象がかならず相反する両面をもつという考え方のあらわれとしてみることも可能である。同様の考え方を示す他の顕著な例はレグバである。事象の二面性の強調が、現実をあるがままに受け入れようとする態度のあらわれであることは他の種族の神話について指摘しておいたが、この点については後にレグバにやや詳しく触れる際に改めて述べる。ダオメについては、その神話や民話に生活に対するきわめて現実主義的な態度がみられることを指摘している研究者がいる。

神去り

世界を創造した後、それを誰かに委ねて遠くへ去るというモチーフは多くの神話で焦点のひとつになっている。創造はマウ＝リサの事業であるが、創造された世界の維持については、ヴォドゥ（神々）に委ねられる。

このモチーフは、神話においては、素朴な「神去り」の物語としてあらわれる、神が地上から去る場合、その原因となるのは、多くの場合レグバのふるまいである。レグバは、マウの子供たちの中でただ一人だけ自分自身の領域を与えられていない。彼が、人間あるいは神々とマウの間を仲介する使者であることは留意されねばならない。彼のみがマウの言葉を解することができる。このことは、ドゴンにおいてユルグだけが創造神アンマの秘密（言葉）を人間に明かすことができるという事情を想起させる。

レグバは使者である。別の見方をすれば、彼は自分の領域、安住すべき地をもたず、神々の王国から王国へと渡り歩き、更に人間の世界や死者の国にまで旅する放浪者である。しかも、顔は醜く、その上不具の身でありながら、機敏さと独創性と機智によって、世界中で崇敬されるようになる。

彼は現実主義的なダオメの求める人間の諸特性の権化であると言える。しかも他方では、異常な生命力や測り難い気まぐれによって神のイメージのある部分をも連想させる。

いずれにしても、レグバとマウの関係は、人間と神ないし世界の関係と同一の型を示している。そして、レグバと神の関係を浮き彫りにする「天地の分離」というできごとは、世界における人間の条件をも表象している。「天地の分離」は、人間の追放としてよりもむしろ神の追放というにふさわしい事柄として語られている。そこには悲嘆もなければ悔恨もない。ただ、絶対的なものを知らず、超越的な道徳の色に染められていない世界に生きる人間の条件が開示されているだけである。それを開示するのは、すでに述べたレグバのイメージである。安住の地をもたぬ、醜い不具の放浪者でありながら、すべてのひとびとの尊敬を勝取るレグバ、すべての新しい試みに積極的であり、秩序と権威に対する反逆児であり、運命の支配に抗する力であるというレグバ、このレグバの像に託して、神話は、この地上における人間の条件に対する種族の認識を表象しているのである。

「天地分離」の神話は国王と臣下の関係を示したものとして読むことも可能である。この点は、神話Dに特に明白な形で表われている。

このような思想的な内容をもつ神話は、王国と血縁集団のイメージをもって語られている。マウ＝リサは神々の王であると同時に彼らの父である。万神殿は王国の組織に対応する側面を有するが、同時に、神々は巨大な系図の中に位置づけられる。

血縁集団のイメージ

王国のイメージは民衆の間に流布している神話においては支配的ではない。そこでは神々の物語は、しばしば大家族の内部の出来事として理解されている。そこには、父と息子の緊張関係の物語があり、兄弟間の対立を示す物語がある。そして、王としてのマウ＝リサは、長老会議に強く規制されており、宗教的にのみ絶対的な権威を備えている血縁集団の首長のイメージから完全には脱することができない。かなり高度な中央集権国家が形成されていても、それは母体となった血縁集団からの自律性をイデオロギーの面で広く浸透させるには至っていない。原理的にみれば万神殿は王権を支えるイデオロギーとして働いており、霊魂観は個人を万神殿に結びつけ、血縁集団の成員であるとともに王国の民でもある個人の観念をつくり出してはいるが。

第六章　草原のプロメテー――ロジ族

自然と生活

平原の生活　ロジ王国は、北西ローデシア、ザンベジ河に沿って、南緯十四度から十六度にかけて広がるバロッツェ平原にある。

国内には、支配層を構成するロジ族の外に、クワンガ、ムウェニ、クワンディ、ムボウェなどの諸族が住んでいる。

雨季に平原をおおう洪水を避けて、聚落は散在する丘陵の上につくられる。低地は洪水が運ぶ肥沃な土壌におおわれ、丘陵は家畜の排泄物で肥えている。

ひとびとは、主として農耕と牧牛に従事するが、国内を縦横に走る河水では漁撈が、丘陵の叢林では狩猟が行なわれる。鉄製品の加工や木工についても、彼らの腕前は近隣の諸種族の間で有名である。

彼らは活気にあふれ、抜け目なく、自然の提供するものを最大限に利用している。

社会組織

ロジ王国の社会組織は、これまでみてきた諸種族の、強固な単系血縁集団に支えられた比較的単純な社会組織とは著しく対照的である。

そこには共通の権利と義務によって結ばれた人々からなる強固な単系血縁集団はない。系譜は父方と母方の双方を通じてたどられる。その結果、親族関係はある集団の中にとどまることなく、広くあらゆる方向へのびて行くが幾世代も幾世代も過去へ遡る傾向はない。系譜名はあるが、系譜名を共通にするひとびとが集団を構成しているわけではない。そうしたひとびとの間には、互いに血縁関係にあるのだという、或る種の近親感はみられるが。

地域的にみれば、社会生活の単位は村落である。村は土地保有の単位であり、大体において親族関係にあるひとびとから成っている。村落生活の焦点は村長である。村内の男たちは、政治的な面においてだけではなく、親族関係でも村長と結びついている故に、村内での諸権益にあずかることができる。

歴代の村長は王が与えた称号を継承している。かくして、村人は村長への結びつきを通して王に結びつく。

ロジのすべての土地とそこから生じる産物とは、王を通じて国家に帰属する。住民は、その地に住み、耕やし、そこから種々の産物を得ることができるのは王のお蔭であると考えている。王は「国土とそこに住むすべての獣と魚と鳥と木」の所有者であり、国土のすみずみにまで絶対的な権利を有している。他方、彼はこの所有権を有すると同時に、すべての住民に居住地と耕地を与え、彼らを守護する義務を負っている。

王から国民に割当てられる土地は、まず村落に与えられるのであり、土地に対する各人の権利は村落の成員権と不可分に結びついている。村落に与えられた土地を、更に個々の住人に分配するのは村長の役目である。

政治組織　政治組織といった面からみれば、ロジ王国の国民は、王を中核とする、三つのおのおの機能の異なる組織の中に位置づけられている。つまり三重に位置づけられ、三重の絆で王に結びつけられているのである。

まず地方組織がある。これは王族の墓や王族の居住地を中心として構成されている。

各地方は幾つかの村落群に分かれ、おのおのの村落群の中心にはムレネンギ「都」とよばれる村落がある。「都」となる村落は、王あるいは王妃、王子、重要な貴族や称号保持者などの居住地であるか、王族の墓のある村落かである。この地方組織は、いわば精神的な意義をもつだけで、軍事的単位でもなく、行政組織の基盤でもない。

ロジ王国の政治的・軍事的組織は、マコロあるいはリクタとよばれる軍団を構成単位としている。どの軍団の成員も、国内に散在する多数の村々の成員から成っている。隣接する村の成員はもちろん、同一村落の成員でも別々の軍団に属していることがある。

各軍団は代表者として、首都において要職にある貴族をおいている。軍団には評議員の会議があり、それは法廷としての機能をも果たす。この評議員会議の裁決に不満なものは、王国の全軍団の代表および王や宮廷官僚から成る中央評議会に上告することもできる。軍団は更に、軍事組織であるのみならず、共同労働の組織でもある。

次に納税の組織がある。この組織の中核となるのは、公私さまざまな「倉」である。これには、王の公的・私的な倉のほかに、王妃や称号保持者の倉もある。宰相に従属する者以外のすべての国民が、これらの倉のいずれかに貢納する義務がある。どの「倉」に属するかは、居住地域とも軍団とも無関係に決められる。機能を異にする集団は、異なる原理で組織されているのである。

王は、中央集権的に構成された以上の諸組織の共通の頂点であるが、その権力は双分的な色彩を濃く帯びている。

たとえば、「真の都」と称される王都は南北に各ひとつずつある。王は「北の都」の宮廷に住み、「南の都」の宮廷には第一王女が住む。これら二つの王都は同じ構造をもち、同じ形の国鼓、王室舟艇、かい、槍などをもつ。二つの都の評議会も同じように組織されている。

王権の性格を明らかにするうえで、ヌガンベラ（宰相）の存在は重要である。

ヌガンベラは王の最も重要な顧問官であり、行政官であり、裁判官でもあった。

王とヌガンベラとは、それぞれ独立し、或る意味では対立すらしている支配者と見なされていた。ヌガンベラは王の権力を抑制し、さまざまな忠告を与えるものと期待されている。王は国土を象徴し、ヌガンベラは国民の象徴である。それ故、国民を王から護るのはヌガンベラの義務であり、ヌガンベラと評議会から国土を護るのは王の義務だった。

王とヌガンベラは、同時に同じ家に眠ることも、同じ乗物で旅をすることも禁じられていた。王は従者を連れて王室舟艇で旅行するが、ヌガンベラは別の舟に国鼓をのせて旅行する。また、王室の太鼓と国鼓とが同時にうたれることはなく、常に交互に奏された。

このように、王と宰相とは相対立し、相補う双極としてロジの王制を構成しているのであるが、究極的には、王国のすべては王に帰属する。これは、南北に王都があるが、重要事項は究極的には王の住む北の都の評議会で決定されるという事実にも対応している。

権力は各レベルでこのような二元化を繰り返しているが、それらを究極的に統合するのは、国土と同一視される王なのである。

創世神話とその解釈

神話A　ニャンベは、昔、妻のナシレレと共に地上に住んでいた。彼は地上の王であり、ナシレレのほかにも多くの妻をもっていた。彼の宮廷には、二人の主要な顧問官がいる。彼らは、サシショ（ニャンベの使者）とカゴンベ（以前ロジ族の食糧として重要だったかもしか）で、人間と神とを結ぶ仲介者としてはたらいていた。

その後、ニャンベは、森と草原と川を造り、そこにいるすべての獣と鳥と魚を造った。

彼は更に、祖人カムヌとその妻を造った。しばらくするうちに、カムヌの練達とかしこさ、ずるさが、ニャンベを当惑させるようになった。カムヌはニャンベにできることなら何でもできるようになる。カムヌは、立ち聞きしたり、盗み視したりして、大工と鍛冶の技術を手に入れた。また彼は、うまく多くの動物を殺した。

ニャンベは、やがて自分も同じような目にあわされるのではないかと恐れて、或る島へ逃げこんだ。しかし、カムヌは、最初は水辺の草で筏を組み、次には丸木舟を作ってその島へついてきた。カムヌの執拗な好奇の目にうんざりして、ニャンベとナシレレとサシショとは、大河を渡り、蜘蛛の巣を伝って天へ昇って行った。案内した蜘蛛は、天への道がカムヌに知れるのを防ぐために、目をくり抜かれた。

一方カムヌは、高い塔を建ててニャンベの所へ達しようとしたが失敗した。この時以来、人間は神を見つけることをあきらめた。

諸種族、あるいは諸国民は、ニャンベの子供たちの子孫である。

神話B

ニャンベは地上に住んでいた頃、さまざまな種類の女を自分の妻として創造したが、それらの女とニャンベとの間に生まれた子供たちが、互いにかくも異なる言語や慣習をもつ国々の創始者となったのである。

ロジの王族の始祖も、これらの女のうちの一人を母としており、ニャンベの子供である。

ロジにおいても創造神の観念がみられる。しかし、ニャンベは、創造者であると同時に「産ませるもの」としても描かれている。

創造神と神去り

いずれにしても神話の焦点は、創造よりもむしろ、神と人間の関係を示す事件のうえに置かれている。その点では、ロジの神話もアフリカの他の多くの種族の神話と同様である。

神が地上から去るに至る原因は、祖人カムヌのあくなき好奇心、生活を富ませるための積極的な態度、抜け目なさと、新しい技術に練達することの速さなどである。これらはすべて、ロジの観点からすれば、人間としての称揚すべき特性である。そして、カムヌの意欲の対象となるのは、木工であり、鍛冶であり、舟や狩の技術である。これらはすべて、今なお、ひとびとが自然から生活の糧を得るために欠くことのできない手段である。

自然と人間

こうした観点からすれば、ニャンベとカムヌをめぐる神話は、自然と人間の関係を示していると言えよう。言いかえれば、それは、自然の資源を自分たちの支配下に置こうとする、バロッツェ平原の、活気にあふれた住民たちの努力と対応している。従って、神と人間の関係は、自然の或る部分を人間が支配しはじめる過程のイメージによって把握されている。この神話は、人間の力に対する自信の表明として読むこともできる。しかし、それのみでは、神が去ったという神話的事件の意義を十分に理解することはできない。つまり、この神話には、人間の力の限界に対する自覚も表現されているのである。神が去ったということは、人間の追求がそこに限界を見出したということでもある。事実、祖人は高い塔を建てて神のもとへ達しようとするが、その試みは挫折し、祖人は遂にあきらめざるを得ない。

結局、人間が支配する僅かの領域を除けば、世界は人間にとって本質的に不可解なのである。しかし、ここにペシミズムの表明をみるのは正しくない。この神話が物語っているのは、端的な現実認識であり、その認識の内容をなすものは、人間の能力に対する自信とその限界の自覚であると言えるだろう。

草原のプロメテ

そこには特に悲劇的な感情が働いているわけではない。カムヌは、アダムよりもむしろプロメテウスに近い。しかし、これら両者とは異なり、カムヌは、神から盗んだもののために罰せられたり追放されたりすることはない。

神の二側面

話をニャンベにもどそう。この神の性質には相反する二つの面がある。一方では、彼は、バンツー諸族に広くみられる典型的な「はるかなる神」である。彼は、自ら創造した世界を保持するのみで、そこで起こる出来事に介入しようとはしない。ロジは次のような諺をもっている。「ニャンベは何ものにも語りかけない。もし彼が或る時何ものかに語りかけるようなことがあったら、世界はおしまいになるだろう」。

ニャンベの他の側面について、ロジは次のように考えている。

ニャンベは、人間の悲惨な状態の第一原因である。彼は怒りやすく、かつ、恨みを忘れない。彼は悪意がある時にしか人間に関心をむけない。ニャンベは残忍であるから、ひとびとは、自分の子供に彼の関心を引きつけることがないようにと、いやしい名前をつける。彼は簡単にだまされ、見せかけで満足する。人間は悪い行ないを彼の目から隠すことができる。ニャンベは天にいて人間を裁くが、道徳的なものに対する要求水準は低い。彼が相手なら、最もずる賢い人間がもっとも得をする。

ニャンベのこの二つの側面を、自然と社会の秩序を維持すべき王制の理想と、具体的な個人としての王の横暴や弱点との矛盾の投影であると考える研究者もいる。

こうした考えはもちろん事実の一面をとらえてはいるが、神観念の内容は単にそれのみには限られない。ニャンベの像は、ロジの世界認識と対応しているのである。これまで繰り返し見てきたごとく、ここでも、存在するものの多義性、いいかえれば、すべての事象は、みずからのうちに相反する両面をもっており、しかも、この両面の均衡によってのみ存続することが可能であるという思想に遭遇するのである。

王制の特質は、この世界認識と対応している。そのいずれが他方の投影であるかは軽々しく断ずることができない。

王と宰相

ニャンベが王のイメージをもって描かれているところからみると、ニャンベと祖人カムヌの対立は、国土そのものである王と住民の代表であるヌガムベラ（宰相）との対立と同じ型の関係を示していると考えることができる。神ニャンベと祖人カムヌの関係は王と宰相の関係を通して理解されているのである。それ故、ロジにおいては、祖人カムヌは追放されるべき存在ではない。むしろ、神と人間との対立と均衡こそ、あり得べき唯一の現実なのである。

第七章　神話と世界観

これまで、サヴァンナや密林に生きる年老いた種族の長老たちが語り伝えてきた神話の幾つかをみてきた。これらの神話の中で語っているのは、大地と分かち難く結ばれてきた諸種族の智慧である。その内容についていえば、ここにとりあげた諸種族の神話は、共通のテーマを有し、それらのテーマについて類似の見解を示している。このいわば共通の思想的内容をもう一度概観しておこう。そこには彼らの世界観が、世界と社会と人間への理解の表明がある。

本書でとりあげたどの種族の神話も次のようなテーマを含んでいる。至高神、世界の原初の状態、天と地の分離あるいは神と人の分離、祖人、祖人による社会生活の創始。これらのテーマを貫き支える思想は、ヨーロッパ世界で形成された既成の概念で明確に把握することのできないものである。それをキリスト教世界の言葉で十分に理解することができないのは勿論のことであるが、汎神論やアニミズムとして規定することも困難である。

神と創造の観念

たとえば、我々が便宜的に神と呼んできたものに対する考え方がある。彼らは宇宙にありとある力の源泉であるような聖なる力の存在を信じている。この力は宇宙そのもののように広大であり、人間には理解することもできないし、直接利用することもできない。生命あるものをささえている力も、それらのものが互いに働きかける力もすべてこの力に由来する。それは宇宙そのものを動かす根源的な力である。この聖なる根源は人格性を帯びている。ひとびとはこの人格的な力を至高神であると考える。至高神は同時に創造者であり、産ませるものであり、秩序だてるものである。

陶工のように粘土をこねて最初の人間をつくる至高神のイメージがあり、至高神の言葉による宇宙の創造という観念すらある。大地は至高神が己の妻として創造したものであるともいわれる。しかしこれらはむしろ可能性として存在しているだけであるというべきであろう。何故なら、そうした観念はモチーフとしては存在していても、神話の中で十分に展開され、その帰結に達するのに至っていないからである。無からの創造という観念はみられないといってよい。また至高神が宇宙とは別の超越的な存在であるという考えはみられない。後にも述べるように、《はるかなる神》という観念は必ずしも神の超越性を示すものではない。

性と創造

アフリカのこれらの神話においては、至高神は「まず産ませるもの」である。「創造する」とは「生命を与える」こと、「産ませる」ことなのである。創造神は父性のイメージをもって理解されているとでも言おうか。天のみではなく、雨もまた父なる神の象徴である。雨を至高神に結びつけるのは、それが天から降るということだけではない。天から降りてきて大地に生命を注ぎ込み、無数の生き物を孕ませる雨は、創世神話にあらわれる至高神のイメージに通うものを持っているのである。至高神は大地と結婚する。創造の過程は生殖の過程であり、神と人間の関係は、血縁で結ばれた世代、父と子の関係として理解される。ここには神と人間を隔てる絶対的な断絶はない。

現代アフリカの抒情詩について論じた際、サルトルはヨーロッパとアフリカにおける「創造」の意義の相違に注目して次のように述べている。「白い技術屋たちにとっては、神は何よりもまず技師である。ジュピターは混乱に秩序を導入し法則性を与えた。キリスト教の神は知性によって世界を構想し、意志によってそれを実現した。創造者と被造物の関係は此岸的ないし肉体的なつながりではない。神秘主義はそこでは例外なのである。そして神秘的エロティシズムすら豊饒の観念とはまったく関係がない。それは全く不毛な浸透の受身の感受に過ぎない。われわれは土の塊、聖なる彫刻家の手でつくられた小像である。これに反して、わが黒い詩人たちにとっては、創造とは広大な、止むことのない懐妊なのである。世界は肉であり肉の子である。海原に空に、砂丘の上、岩の上、そして風の中に、アフリカ人は繰り返しやわらかな人間の肌を感じる。……彼が同じ種族の女と恋をするとき、二人の交わりは存在の秘儀に参入する祭典と思われるのである……」

神話は永遠の範型である。雨季の豪雨が降りそそぐとき、世界が闇の底に沈むとき、天と地は結婚する。新たな生命が誕生する毎に、生命を附与する神の手が働いている。創造は今なお働き、永遠に働き続けるあの聖なる力の営みなのである。

アフリカ人たちの哲学によれば、存在するものはすべて力であり、宇宙は個性ある無数の力のコスモスである。至高神が生命力の源泉であり、生命力の附与者であるということは、それが世界の源であり、世界の本質であるということである。創世神話は生命力の観念を世界像の中心におく。それは、世界像の中核にある単なる観念ではなく、日々の生活において、ひとびとが熱望し、追い求めるものである。ひとびとはそれを自己と他者の存在、あるいは共同体の伝統の中に具体的に感じ取っている。このような生命力の源であるのだから、神は超感性的な理念の世界に属するものではない。神は端的に生と死の源であり、生命の外にあってそれを裁く超越的な原理ではない。神と人間の関係には倫理的な内容は含まれていない。彼が価値の源であるといわれ得るとすれば、彼が生命力の源であるからに過ぎない。否むしろ、人間とその共同体の生命力の増大以外に善はなく、その減少以外に悪はないのである。このような世界にあっては、神は去ったということはできても、神が死んだと言うのは無意味だろう。神の死はただちに世界の消滅に通じるだろうからである。

だが以上のことは神の一面でしかない。第一章においても述べたように、生命力の本質は知慧であった――認識し構築する精神的エネルギーであるといってもよい。神の本質もまたそのようなものとして把握されている。神は混沌に秩序を与えて現存する世界を形成したと物語る神話もある。原初の渾然たる融合の中に分離を導入し秩序を確立するというモチーフは多くの神話に共通している。西アフリカのイボ族の思想はこの点を明らかにするための手がかりになるだろう。彼らは、人間は精神的な要素を天神から、すなわち「精神の父」から受け取り、肉体的な部分を大地から受取ったと考えている。地母神は、高いところから降りてきた男神、「孕ませる者」によって懐妊し、自然の諸存在を生んだ。世界の存続は、高所から来る精神的なエネルギーと低いところにある物質的なエネルギーとの結合、すなわち不断の懐妊によって維持されている。神は混沌に秩序を、形式を与える精神的なエネルギーであるが、ひとたび世界を創造し（秩序立て）終ると、世界の背後にしりぞき、かわって創造神の子供である神々や祖先たちが秩序を維持する。アフリカ人たちが神を宇宙の始源に結びつけるとき、彼らは神が世界を生ませ、形成し、秩序立てたということを主張しているのである。

さてこれらの種族の神観念には、更に別の顕著な共通点がある。神は相反する二つの側面をもっていると彼らは考えている。神は生命の究極の源であると同時に、のがれ難い死をもたらすものでもある。それは、地上からはるかに遠い善良な存在であるともに、人間生活に介入する「悪い」存在であり、別の種族によれば一身で男女両性を兼備しているともいわれる。神は二つの面をもっているというだけではなく、ときには二つの存在であるとすら考えられる。それにもかかわらず、神はひとつの統体であり、相反する両面も、ときには分離している二つの存在も結局は神の相異なる面に過ぎないことが強調される。究極的には、これらの神話は明確な一元論の立場をとっているのである。この思想は本書にとりあげた諸種族だけのものではなくインド洋の波に洗われる東アフリカの岸辺から西アフリカの密林に至るまで、サハラの熱風に茨の焦げるスーダンの塩性ステップから東南アフリカのサヴァンナに至るまで、アフリカ人たちの思想のひとつの焦点となっているのである。この神観念は更に一般的な双極論を背景としており、あるいは逆にその原型であるのかも知れない。すべての存在は相対する両面をもち、この相対する双極論のみをもって理解すべきものではない。神に相反する二つの側面を帰することは、神の根源的な曖昧性、その不可知性を表現するための象徴にしか過ぎないとも言えるのである。この点についてはあとにあらためて触れることにしよう。

知慧と生命力

更につけ加えるなら、世界の根源をなすこの力を、彼らは生命力であると同時に知慧であるようなものとして把握している。知慧と生命力は、個人においてのみならず、宇宙のレベルにおいても一致するものであった。より正確に言えば、純粋な生命力とは智慧にほかならないのである。アフリカの思想においても、神の観念はひとつの焦点であるが、創世神話においては、それは序章でしかない。

天も地も存在しなかった時代にまで神話が遡行するのは例外的な場合である。あえて問うても、天と地は常に存在するという答えしか聞けないだろう。この天と地、太古以来相寄っていた天と地が分離し、神が地上はるかに去るとき、神話はクライマックスに達するのである。それは調子を高めながら、祖人が社会秩序を創設する過程へと至る。それは、現にある世界が、永遠の範型が、深い闇に閉された混沌の中から次第に姿をあらわしてくる目くるめく創世のときなのである。天と地が分離した後にはじめて現にある世界ができあがるように、神が地上はるかに去って人間の視界から消えた後、現在ひとびとが理解する意味での人間生活が始まるのである。言いかえれば、人間的世界の開始は、同時に人間と神の離別でもある。

このように神話のクライマックスをなす「天と地の分離」という出来事は、これらの種族にとってどのような意義をもっているのであろうか。この二重の分離にたいする解釈は、その分離の結果として生じた世界とそこにおける人間生活にたいする判断を含み、同時に神と人間の関係についても何事かを示唆するはずである。

先　史

天地が分離する以前の状態は二つの側面から考えられている。かつて、天と地は互いに近接していた。その頃には人間は神と一緒に住み、天と地の間を自由に往来していた。人間は死を知らなかったし、食うために額に汗して働く必要もなかった。しかし、それは単なる黄金時代や楽園のイメージではない。そこでは人間は神の加護のもとにあり、労苦も不安もなく生きていたが、人間の状況は安楽であると同時にきわめて窮屈なものであったと神話は注釈している。この時代には光がなかったとされる例があることも注目される。この時代は更に別の側面からも描かれている。その頃、人間たちは、今日では聖なる伝統と考えられている掟も制度も知らず、社会生活もその秩序も存在しなかった。言いかえれば人間は未だ半人半獣ともいうべきものであった。人間に関してのみならず、総じて宇宙には明確な分離も秩序もなかった。この前世界ともいうべきものは、混沌たる闇の、あるいは渾然たる融合のイメージをもって描かれている。そこでは、あらゆる存在は捕捉し難い流動性を帯び、可塑性を帯び、また数々の異常な超自然的な能力に恵まれていた。人間たち、正確には半人半神ともいうべき人間たちは、今では失なわれた偉大な呪力をもち、なんの困難もなく瞬時にして変身することもできたのである。世界には、固定し、生命を奪われたものとては、小石ひとつもなかった。しかしこの時代は、異常と破壊と背徳の時代であるとして否定されているのではない。この混沌は宇宙にみなぎる大いなる創造力の象徴であるとすら言えるのである。

天地の分離

この原初の混沌は、天と地の分離と同時に、あらたに形成された世界の背後にしりぞく。或る些細な事件をきっかけとして、天と地は互いにはるかに遠ざかって現在の位置を占め、それとともに、神も人間の視界の彼方の天上へと去ってしまった。この二重の分離を、神話はさまざまなイメージを用いて描く。たとえば、壮大なアフリカの夜明。雄勁な光の矢が闇をおおうとき、闇の胎内で渾然と融合していた世界は、まず、はるかに離れて相対する天と地に分かれる。地上においても諸々の存在は互いに身をひき離し、おのれの輪郭を次第に明確にして行く。混沌の中を亀裂が走り、存在の多様性と秩序が世界の顔となる。夜明けのイメージが表現するこの思想を伝えるものには、このほかにも、天地分離の神話にはほとんど必ず登場する「女」の姿がある。一夫多妻制の大家族において、妻たちの対立は、父を同じくする大家族の統一の中に分裂の意識を導き入れる。しかも、おのおのの妻とその子供たちは、しばしば、ひとつの父系血縁集団に属する新しい分枝を形成する。こうした分裂とその統合がこれらの種族の社会組織の骨組をなしている。いいかえれば、女のもたらす分裂は社会生活の秩序と統一の前提となっているのである。

天と地が分離する以前の世界には、旧約の楽園の場合と似て、神と最初の人間とがいる。この最初の人間（祖人）は種族の始祖と同一視される。なぜなら、これらの種族にとっては、人類とは何よりもまず自分たちの種族のことなのであるから。祖人ないしは始祖と神との関係はしばしば父と息子（殊に長男）の関係として描かれる。それ故、神と人間の分離は父からの息子の独立と同じ意義をもつものとして理解されるのである。父の庇護と息子の服従、息子の成長に従って生ずる父と息子の対立緊張、父からの息子の独立、アフリカの多くの社会にみられるこの過程は、神話における神と祖人の関係を理解するためのモデルとされている。このことは、天地分離が祖人の性的成熟と関係づけられている神話においては特に明らかである。

宇宙における人間の運命を探るために、ひとびとは共同体と分ち難い自己の内面へとおもむいた、あるいは、個人の運命も人間の運命も共通にもっている構造をこそ神話は示しているのだとでもいうべきだろうか。

これらの種族の想念は、天地分離の意義を把握するために、人間の誕生や、少年期との訣別を引き合いに出すのである。ひとは、暗く窮屈ではあるが、暖かく安全な母の胎内から、労苦や死が待っているが、自由に手足をのばせる広く明るい世界へと誕生する。あの原初の闇の中で、祖人は魚の姿をして生きていたというとき、人々は母の胎内を、胎児を想っているのであろう。

世界の形成と神の太古という最初の事件を描こうとして神話がもち出すこれらの多様なイメージは、この事件について、すべて唯一つのことを主張する。ひとがいつまでも母の胎内にとどまることができないように、いつまでも少年でいることができないように、そしてまた社会組織が分節構造（分裂と統一）にささえられているように、神と人間の分離はひとつの必然なのである。このような説明によってひとの生涯の重要な転機が、宇宙論的なニュアンスを与えられ、共同体の運命に結びつけられるであろうことを指摘しておきたい。話を天地分離の神話に戻すなら、そこに人間の郷愁がこめられているとしても癒し難い悔恨の情はない。湿りを帯びてやわらかく暖い母の胎内に比較すれば、地上は流謫の地であるとも言えよう。しかも、流謫の原因は人間には理解できない、あるいは少なくとも人間の罪にあるのではないから救いの希望もない。ここにみられるのは、原罪の観念をともなわない流謫の意識である。天と地は一度離れた以上、再び合致することはできない。神はもはや人間にとっては《知られざる神》、《はるかなる神》なのである。永遠に、この地上の生活以外に人間の生活はない。そしてこれらのことこそ人間の運命と呼び得る唯一の運命なのである。

知られざる神

楽園喪失の深刻な悔恨や人間の原罪といった神話はみられない。少なくとも表面には出ていない。分離の原因となる人間の行為は、極めて些細な、あるいは当然のことがらであると考えられている。天地の分離は、人間の判断からすれば、とるに足らない過失や人間生活を営むうえで止むを得ない行為を理由に神の意志によって断行される。人間はそれでもなお自分の罪を認め得ない。このときからすでに神の判断は人間には理解できないものであると考えられているのである。天地の分離はついに倫理的な意義を与えられていない。その後に続いて行なわれる社会生活の創設に際して祖先が与える掟と伝統は、ある意味では神の律法ともみなし得るものである。しかし、この世界にあってひとは祖先とむき合っているのであり、神はその背後にとどまっている。

天と地の分離という広く流布したモチーフがアフリカにおいてもつ意義はこのようなものである。あの《はるかなる神》の観念は、以上の解釈と関連させるときはじめて十分に理解することができる。天と地が分離したとき、神も地上の生活を捨てて遠く天上へ去った。爾来、神は人間生活に関心をもたず、それに直接介入することもない。それのみではなく、神は人間の判断を越えた、いわば《知られざる神》となったのである。人間に理解できない不可思議な事象を神のせいにするのはよくみられる例である。神は天上に去ったが、依然として世界を構成する諸存在＝力の背後にあり、その源泉である。世界のすみずみにまで、神の息吹きが、神の生命が浸透している。それにもかかわらず、神は遠くに去り、人間生活に介入せず、関心すらもたないといわれる。ここには世界へのひとつの認識が表明されている。人間生活が神の離去とともに始まったということは、人間が人間になって以来、世界は人間に無関心であり、人間の理解の及ばぬものとなったことを示している。大地を焦がす太陽や闇に満ちわたり聚落を圧しつぶす生きものたちのざわめきの中で、アフリカ人たちは世界にたいするひとつの態度を涵養してきた。善も悪も等しく存在し、偶然が支配する世界、人間はその世界の只中に投げ出され、奔流する色彩と生命の背後に、ひとつの巨大な無関心と謎とを感じとってきた。だが、そうした想念もこれらの種族を厭世感の方に追いやることはできない。悲劇的な感受性はといえば、それは存在するかも知れないが、少くとも表面にはあらわれない。しかし、ともかくも人間は神の去った後の世界、疑いもなく不条理な世界に生きる。これは彼らの確信するところである。これらの黒いオルフェたちは、神のいない地上で、世界を構成する諸力を強烈に意識すること、いいかえれば世界を人間化することのために狂おしい努力を繰り返す。フォルムも、リズムも、言葉も、肉体も、すべてはそのために動員されたのである。それらは、人間に宇宙のリズムを、そのリズムを形成する諸力を明瞭に意識させ、それに働きかけ、遂には意識の果てにまでひとを連れ出すものであった。神の去った地上にあって、人間は唯一の能動的な力なのである。深みへ、あるいは背後へとしりぞく悲劇の感情にかわって、あの不屈の楽天主義が立ちあらわれる。おそらくこの両者はアフリカ人たちの精神をになう双児の兄弟であろう。この楽天性の凱歌の背景には、牧牛民や農耕民の共同体、死者たちとの交感にささえられ、神話的世界の暗闇にまで根を下ろした共同体がある。

共同体の意義

天と地がはるかに相分れた後、神の去った地上で、人類の始祖らは社会生活を組織し、伝統を創設する。ここまで来ると、神話は急に豊かになり具体性を帯びる。ここで神話は、現存する秩序の本質とそれをささえる根拠とを開示するのである。神が去った後、広大な宇宙は究極的な謎として人間をとり囲んでいるが、ひとびとの想念は人間生活の秩序と人間の運命をめぐって展開し、多くの場合はそこに自足している。無限の宇宙への志向は人間を駆り立てていない。

社会生活の創始をめぐって展開する神話の主人公はすでに神ではなく、祖人あるいは種族の始祖である。これらの神話にあっては、始祖がもたらすものは、原罪ではなく真の人間生活である。始祖の事業の後にはじめて人間生活と呼ぶに値いするものが始まる。すでに述べたように、天地分離より前、始祖が社会生活を創始するまでは、人間は、現在人間生活の徴であり必要条件であると思われるようなものを何ひとつ知らず、獣に等しい生活をしていたのである。始祖自身は、なかば前社会的ないし社会外的存在であり、なかば社会的な存在である。人間生活の確立もまた、融合から分離へ、混沌から秩序へという型によって把握されている。現存する伝統的価値が原初の混沌の中から姿をあらわす目くるめく空間の中心には始祖の神秘的な姿がある。そこで始祖が確立した掟と秩序は、人間が人間として生活し得る唯一の形態なのであり、人間がさからうことのできない究極的な現実である。ひとは共同体ときりはなしては自分の何たるかを理解することができない。それをはなれて、人間を人間たらしめるものは存在しないのである。それは人間（生者）を越えた自律性を有する永遠の秩序であり、それとのわずかな衝突ですら災厄をもたらすに十分なのである。社会生活の伝統は、宇宙の秩序の本質的な部分であり、人間と神（生命の源）の結合を保証するものである。この伝統の中核にある首長制をめぐる神話はこのことを明らかに示している。すでに述べたように、始祖はしばしば《最初に生まれたもの》である。父系の大家族の生活において長男は他の子供にたいしては父を代表し、父にたいしては他の子供たちを代表する。同様にして始祖は、人間にたいしては神を、神にたいしては人間を代表する。長男が他の兄弟たちに比較して父の性質をより多く受け継ぐように、始祖は神の生命力をきわめて豊かに与えられている。始祖が幼児の頃から異常に強い生命力をもっていることを示す神話はこの思想をあらわしているのである。始祖の血をひく歴代の首長は、始祖と同様神と人間を媒介し、彼自身は、神に源を発し始祖を通じて首長の系譜にもたらされた聖なる力の化身である。首長制が確立していないところでは、家長が生者と祖先を媒介し、祖先は生者と神を媒介する。これらと同様の機能を秘密結社が果たしているところもある。いずれにしても、比喩的に言えば、共同体の中核部には、神から人間に至る生命力の流れを通す導管があり、その導管（首長や秘密結社）によってもたらされた生命力は共同体のすみずみにまで浸透し、共同体の活力を強めるのである。いいかえれば、ここでは社会組織自体が、たとえ間接的なものであるにしても、神と人間の結合を保証し、あるいは具現している。社会生活の伝統は原初に定められた聖なる秩序であり、世界と人間の本質の具現である。それは永遠に働き続ける法則であり、永遠の範型である。神話の開示する世界や社会の型は日々再生産され実現されている。この世界には歴史意識の占めるべき場所はない。時間とは原型を再生産する周期に過ぎず、新しいもの、偶然的なものは何ものでもない。いわば、時間は永遠の現在であり、地上の生活のこの日々が人間に可能な唯一の日々なのである。それがたとえ労苦に満ちたものであれ、そこを去って行くべき場所はない。死者すらもこの現世をはなれて存続することはできないのだから。この秩序を変えることなどは思いもよらない、それはわれわれの世界で自然法則を変えようとするのと同様に気狂いじみたことと思われるだろう。たしかに民衆の不満が反乱にまで高まったこともある。しかしそれは常に現存する体制をより強化し、よりスムースに運行させることを目指している。そのためには要するに邪魔者を、障害物をとりのぞけばよい。不満が一般の激怒にまで転化するとき、民衆たちは王宮をとりまき、王の退位を要求し、時には王の死をすら要求することがある。悪いのは、不適当なのは常に個々の人物であって体制ではない。適当な人物を探し出して、社会の制度を十全に機能させることが肝要なのである。ここには人々を社会の外へ、あるいは未来へと駆り立てるものは原理的に欠けている。人間にはこの秩序によりよく調和するよう努力する以外によりよく生きる道は残されていない。しかし、石化した灰色の因襲の専制、伝統への無気力な服従をここに見るのは、少なくとも原理的には正しくないと言わねばならない。

すでに述べたように、彼らは社会組織の本質を、或る意味では、存在と存在、生命と生命の交感の体系としてとらえているのであり、この体系の中に価値と幸福の源泉があるのであるから、彼らはその体系を洗練し、生命力を強化する交感の中に情熱をもって没入し得たはずである。伝統が自発的な情熱の燃える火床となり得たであろうことを推測するのは困難ではない。

神は今では人間からはるかに遠く理解し難い存在である。しかし、社会は常に、社会に属すると同時に神につながっているものによって存在の根源に結ばれているのである。ここにも、アフリカ人たちのあの不屈の楽天主義をささえる信念があるのであろう。

創世神話にみられる秩序の観念を検討することによって、この神話の骨組をなしている思想の他の面に触れることができる。

双極論

それは明確な双極論である。アフリカ諸族のもとでは、双極の対立・均衡・結合という双極論は、あらゆる場合に働く思惟の強靱な構造となっている。天地分離というモチーフに典型的にあらわれているように、最初、秩序は、混沌のうちに融合していた諸部が相分かれておのおのの場所を占め、一組の対極を構成するとき成立する。世界の秩序は、相争う二勢力のいずれか一方が他を征服することによって成立するのではなく、両者が正しく配列されることによって成立するのである。相対する諸要素は、いずれも世界の存続のためには不可欠なのであり、そのいずれか一方の滅亡は明らかに世界の秩序の破壊を意味する。くり返していえば、世界像のうちで、異質な二元素の闘争ではなく結合（たとえば天と地の結婚）こそ中心的な意義をになっている。これは本来の意味の二元論ではなく、双極論とでも名づけるべきものである。相対する勢力は、本質的には統合を保っている全体の双極である。存在するものはすべて双極性を示すとき本来の姿であるという思想は、たとえばドゴン族に典型的にあらわれているが、他のアフリカ諸族の間にも広くみられる。この双極性の原型は何か。天と地の結婚、男女両性の魂をもつ人間、等々からも分かるように、その原型は、一組の男女であると思われる。この一組は単に相対して存在するのみではなく、互いに他をささえあい、また結合することによって絶えず新たな生命を生み続けるのである。それ故、世界の構造を双極性によってとらえる考え方は、創造の原型を生殖としてとらえる思想と密接な関連を有していることが明らかであろう。

混沌と秩序

だが、双極論の背景には更に別な側面がある。この世界は混沌に秩序を導き入れることによって成立した。しかし、混沌は依然として世界のもうひとつの顔なのである。ドゴンとルグバラの双分観をもう一度想起しよう。一方に、夜、混沌、死、不毛、倒錯した社会外的なるもの、いいかえれば悪の領域があり、他方に、昼、秩序、生、豊饒、正常な社会内的なもの、いいかえれば善の領域がある。この二つの領域は世界と人間生活の存続のためにいずれも等しく必要なのであり、さまざまな形で相互の浸透が行なわれる。秩序と混沌、ここに双極論のもうひとつの基盤がある。ここでは、存在するすべてがありのままに肯定される、それを否定しようとしても、ここには超越的な原理がない。これは、すべてのものは相反する二つの面をもつという認識の形をとって表現されることもある。生命の究極の源であると同時に死をもたらすものでもあるという神のイメージが神話の主調音を奏でている。その背後には、世界の根源的な曖昧さへの認識の深い影が立ちのぼっている。この影を人間的なものをもっておおうこと、あるいは少なくとも人間的な調子を与えることに彼らが成功したことを知るには、共同体を支えるイデオロギー、生者と死者の交感の体系を理解することでこと足りる。

祖人

最後に、これらの諸種族の創世神話の焦点となっているイメージに触れておこう。ディンカ族におけるロンガール、ドゴン族におけるユルグ、ロジ族のカムヌ等、われわれは幾人かの祖人の姿を神話の中に見てきた。それらの祖人は或る共通性を帯びている。それを明らかにすることは、創世神話を理解するために是非とも必要なことなのであるが、ここでは断片的に触れることしかできない。まず祖人は、「はじめて生まれた者」であり、父なる神の長子である。このことは彼の性質にどのような影響を及ぼしているだろうか。ディンカにおいては、祖人は後に続くもののために道を開くものであると同時に、彼らの進路の障害でもあった。彼は豊かな生命に導くものであると共に、恐るべき殺人者でもあった。始祖は神の長子であるが故に、神の特性を他の人間よりもよけいに受継いでおり、また神と人間を媒介する。これは他の諸種族にも共通して言えることである。彼らについてはさらに、その行為が予測し難いものであり、ときには理解できないものであることが強調される。彼らに共通の特性は、神話的には、反逆や気まぐれや乱暴、これらに加えて、並はずれた生命力などとして表現される。この不可測性と不可知性こそは、神話的世界における聖なるものの特質であり、聖なるもののイメージは、世界のかくされた真相への認識を表明しているのである。それ故始祖はなかば聖なる存在であり、なかば人間的な存在である。祖人はもうひとつの側面をもっているが、それを明らかに示しているのは、ドゴンの創世神話におけるユルグである。ユルグは最初に生まれたものとして不完全な存在であるが、それのみではない。彼は最初の反逆児であり、つきたらずである。暗く暖い卵の中で、ノンモたちは定められた位置を占めているのに、ユルグは時満ちるのを待たず、自ら望んで卵を食い破って外に出る。彼はひとりぼっちで、自分自身の魂を半分しかもたず、自らのつくった、冷く涸れた大地で生活を始める。地上の生活がどのようなものであれ、母の胎内に再び帰ることはできない、神と共にあった渾然たる融合の時代に逆行することもできない。失なわれた自分の魂を空しく探索し続けるユルグの運命は、神の去った地上に生きるすべての人間の運命を暗示していると考えることもできよう。人間生活の始点を与えるものがユルグの反逆であってみればなおのこと、こうして祖人は、一方では世界の真相について種族が認識し得たものを開示し、他方ではこの世界における人間の条件を暗示している。

第八章　神話とは何か

神話の本質

以上でアフリカ諸族の神話的世界の素描を終る。最後に、本書でとりあげた資料に基づいて、神話とは何かということについて考えてみたい。神話とは何か。このことはすでに論じ尽されているようにみえながら、なお明確な答は与えられていない。神話という語自体が、現在ではきわめて多様な意味を負わされており、そこに或る共通性を見出すことすら困難になっている。

神話というとき、或るひとびとは幼い日々に聞いたなつかしいメルヒェンを脳裡に浮べ、他の或るひとびとは、古事記やギリシャ神話の魁偉な神々の物語を想うかも知れない。あるいはまた、血と土に聖なる意味をもたせたナチスの「二十世紀の神話」を連想するひとびともいるだろう。多義性はそれだけにとどまらない。神話という語はさらに、根拠のない非合理的な命題や、真の権威を失なって形骸だけになった観念を表わすためにすら用いられている。

これは単なる語義の混乱ではない。歴史の流れの中で、神話自体が変貌し、いわば現実の背後にしりぞき、あるいは死滅する。精神にとって神話の有する意義もまた一様ではない。

かつての或る時代にはいずれの民族においても、これらの神話は単に超自然的な存在に関する物語というだけでなく、世界や文化の本質を開示し、人間生活を支えている諸価値の由来を明らかにするものであった。それは人間精神に働きかけるひとつの力であった。

しかし、神話の神々の巨大な影を抜け出した人間たちは、かつては父祖たちの生活を律し、彼らにとっては世界の真相そのものであった神話を、いわば客観的に眺め、さまざまに解釈することを覚えた。

そのとき以来、神話はじつにさまざまなひとびとからさまざまな評価を受けてきた。神話の解釈史を精神史の中に位置づけることは興味あることだろうと思える。

あるときは、神話は「野蛮人の荒唐無稽な幻想」として、軽蔑や好奇の眼でみられた。また他のあるときは、人間の認識の最高の形態として、熱烈な崇敬の念を捧げられた。

それより一層手のこんだもっともらしい解釈をするひとびともいた。彼らの中には、神話はすべて歴史的事件の比喩的表現であると考える者もいれば、自然現象の擬人化した表現であるとして、すべての神話を星々や月や太陽、あるいは風などと関連させながら解釈した者もいた。

いちいちあげてゆくときりがないが、いずれにしても、研究がすすむにつれて神話を精神の真剣な産物と考え、他の何かの代用品としてではなく、独自の意味と構造をもつものとみなす立場が強くなっていったことだけは確かである。

アフリカの創世神話のいくつかを解釈することが本書の目的であったが、以上のようなことを念頭において、神話とは何かということも本書を貫く問いであった。

しかし、ここではその問いに十分に答えることができないし、今は体系的な神話論を展開すべきときでもない。ただ本書において得られた若干の知見をもととして、神話論に関するひとつのスケッチを試みることにしたい。

どのような世界においても、純粋なものを求めることはむずかしい。神話の世界もまた例外ではない。これから述べようとするのは、神話的世界のひとつの極点であるという意味で、典型的であると想定されたもののイメージに過ぎない。

このイメージは具体的な或る社会の神話の描写ではなく、いわば想定された純粋型である。この純粋型は、具体的な神話を解釈するための幾つかの有効な視点を提供するはずである。

このスケッチを試みるにあたって著者の念頭にあるのは、これまでの各章でとりあげたアフリカの神話であるから、本章の内容は正確には「アフリカ神話論への試み」とでも称すべきものである。

われわれは、神話を自然現象を描いた荒唐無稽な幻想であるとは考えないし、歴史的事件の比喩による説明であるとも考えない。その他、祭式の説明であるとか、単なるイデオロギーであるとかと言った一面的な説明はすべて受け入れない。神話は、それ自身としてみればはるかに多面的なものである。

われわれは仮りに、神話とは、各種族が世界と社会と人間について獲得した認識であると考えておこう。それはまた、「ひとつの社会が有する諸概念や理想や人生の目標などの背後にある哲学を表現する象徴体系を含んだ物語」(ランガー)であると言ってもよい。

この意味における神話は、「象徴を操る動物」(カッシーラー)としての人間の根源的な欲求、すなわち、世界にたいする認識および世界における人間の経験をシンボルに翻訳しようというあのやみがたい欲求から生まれたものである。

神話は何ものかの代用品ではなく、独自の本質と機能をもつ認識と表現の体系である。それは科学や芸術とならぶ独自の領域であり、他のいずれかの体系に完全に翻訳することはできない。つまり、神話の根底には、神話によってしか表現することのできない独自の体験と認識があることに留意しなければならない。

この神話的体験あるいは神話的認識とでも言うべきものの特質は何か。

情動と思惟

よく言われるように、神話の基礎にあって顕著なのは、論理的な思惟よりもむしろ情動である。神話的認識は情動による認識であり、神話的世界の構造を決定するものは、いわば情動価値である。この認識と表現は、言葉を媒介とする神話的イメージを用いて行なわれる。それ故、神話の世界は常に「相貌的特性」を帯びている。科学の世界の属性とされる客観的特性と比較すれば、このことは容易に理解されるだろう。

神話的世界にあっては、いかなる概念もイメージも中立的ないし無色透明なものではなく、すべては人間の恐怖や願望に色濃く染められている。それらはすべて多少とも人格性を帯びた力であり、人間たちは、それらにたいして或るときは祈願し、或るときは抗争しなければならない。神話の世界においては、実在性の程度は、その存在が人間の情動的反応を呼び起こす度合いによって測られる。観念であれイメージであれ、人間の情動に働きかけるものはすべて或る種の力として実在することになる。従って観念的と現実的という区別はここではすでに消えている。

かくして、神話的世界は、多少とも人格性を帯びた無数の力が住まうドラマの世界となる。そこでは、すべての認識は劇的な事件の形でとらえられ表現される。人間がこの神話的世界に参入するときは、言葉も観念もすべて実在する力となる。

種々の祭式は、人間が神話的世界に参入するためのメカニズムである。そこでは、祝詞は人間が世界の諸力に働きかけるための力となり、仮面を被って神々の行為を演じる舞踏者はみずから神々へと変貌する。

神話的世界の構造を決定する基本的なカテゴリーをあげるとすれば、それは、聖なるものと俗なるものの区分である。この聖なるものとはひとつの体験価値である。われわれの合理的思惟は、遂に聖なるものを完全に把握することができない。しかし、人間の体験は、ときにそこまで到達するのである。

要するに、神話の根底にあるものは人間の情動である。神話は人間的情動を確認し合理化する。いいかえれば、芸術が直観に統一を与え、言語が知覚に統一を与えるように、神話は感情に統一を与えるのである。

多くのひとびとがこれらのことを強調した。そしてそのうちの幾人かは、こうした観点から、神話を独自の認識体系として把握した。そして彼らは神話を、合理的思惟に対立し、やがてはそれに克服されるべき非合理的なるものと規定したのである。

しかし、以上の記述においては、神話の本質の半面しか述べられていない。神話を論理的な思考と対立するものと規定することは、きわめて不十分なとらえ方である。

たしかに、これらの諸族の神話をみるとき、そこに登場するイメージはいずれも種族の歴史の中で人々の意識の底深く沈澱したものであり、彼らの願望や恐怖の重層した結晶の核となっている。それらのイメージは、概念の力の及ばぬ精神の深層で、ひそやかな、しかし逆らい難い作用をおよぼすだろう。多数の個人をひとつのドラマの中に位置づけ、種族の諸成員をひとつに融合し、種族の生命を更新するとき、それらのイメージは、意識の働きを越えて更に深く更に広く作用するだろう。

それにもかかわらず、われわれは神話の中に論理的な思惟の働きを認めざるを得ない。単に「認めざるを得ない」というだけではなく、未開社会においては、われわれは神話の中に、その社会の思惟が生んだ最も目覚ましい成果を見出すことがまれではないのである。

いずれにしても、神話においては思惟と情動とが不可分の統一体として働いていることに注目しなければならない。論理的思惟と願望や恐怖とはひとつの生命体として、すなわち精神として活動している。

神話的体験とは、このように未分化な全人的な体験のことである。神話は世界にたいする精神の根源的な統一を提示している。

神話は、芸術や思想の共通の源泉である精神の或る深い層で形成される。そこでは概念的象徴と形象的象徴は未分化な状態で生み出される。

かくして神話は二重の構造を、すなわち、概念的構造と情動的構造をもつ。

神話の展開を方向づける基本的な問いは合理的思惟の発したものである。しかし、神話固有の世界は、おそらくひとつの社会の合理的思惟が自らの限界にまで達して挫折したところから始まる。

神話と体験

合理的思惟がもはや世界を統一的に把握することができなくなる次元、概念の達し得ない闇夜にも人間の体験は残り、なおも統一を要請する。この闇夜に光を投げかけ、世界像の、従って体験の統一を可能にするのが神話的イメージである。

すべての存在が固定した意味づけを拒否する多義性を帯び、生と死、清浄と不浄、愛と憎しみのような相反するものが同一の存在の中で重なりあい、隠微にからみあい、あるいはその存在の二つの異なる顔となっているという世界のあいまいさの認識にまで到達したとき、合理的思惟は挫折する。こうした意識の極北においてなお存在する人間の体験の統一性を表現し、あるいはまた逆にそうした統一を可能にしているのが、神話的イメージである。

世界の根源的なあいまいさ、多義性、思惟を挫折させる背理は、意識の極北において開示される聖なるもののイメージとして形象化される。この聖なるもののイメージは、更に、人間がそこにおいて生きる社会と世界を把握するための原理となる。

たとえば、ディンカ族にとっては、世界の本質は聖なる力であるが、それは巨大な謎であり、一切の生命の源であるとともに、死の送り手でもある。ナイル上流の広大な沼沢地を、水と草を求めて家畜の群を追いつつ幾つものの川を渡るディンカ族にとっては、川は生命の泉であるとともにまた死の危険をはらむものでもある。死の太陽に抗して雨雲を招き、大地の豊饒を保証する首長の力も時にはその強烈さの故に危険きわまりないものとなる。彼の呪詛と怒りに抗し得るものはないのだから。

そしてこの三つの形象は、おそらくその共通の本質によって、ディンカの神話的世界においては、相互に深いつながりがあるものとされる。初代の首長は川の中で生まれた神の長男であったし、魚槍は今日なお首長の象徴である。

神話は、この意識の極北において人間が生んだ熾烈な幻影であり、虚構である。だが神話の世界は、虚構と現実の区別を知らない。虚構の世界もまた意識の現実である。ここでは、虚構の世界は現実の背後にあって、これを支える聖なる世界の象徴であり、いわば現実よりもより実在性の強いものなのである。

このようにみてくれれば、神話は感情の統一をもたらすというのは正確ではない。むしろ神話は、体験の統一をもたらすというべきである。それぞれの欲望と情熱に駆り立てられる無数の力が対立抗争するドラマとしての宇宙は、同時に聖なる秩序として把握されている。そこに、神話的意識の統一の基盤であるとともに、その表現でもあるところのものがみとめられる。

その後、歴史の流れの中で、精神の諸機能は次第に分化独立し始めた。たとえば科学は、神話的なものに抗しつつ自律性を獲得し、自らの領域を広げてきた。

このため、神話を合理的思惟に敵対する非合理的な力として考えるひとびとがある。しかし、神話的なるものと合理的思惟の関係についてはまだ十分には解明されていない。神話を非合理的として弾劾することは易しい。しかし、混沌と変動、争乱と革命の時代には常に神話的なものが精神を押し流してきたともいわれるのである。実際、自らの運命にかかわる決断を下そうとするとき、ひとは精神の諸機能をばらばらにしておいて、そのいずれかに頼ろうとするであろうか。むしろ、全人的な反応と決断こそ最後の言葉である。

神話の現象学はまだ始まったばかりである。われわれは神話の本質について多くを知らない。現代を神話の死滅によって特徴づける論者もいるが、われわれの認識が更に深まれば、いわば意識下に深く沈みつつも人間存在を支配し続けている神話的なるものの巨大な影を現代文明の中にすら見出すことができるかも知れない。精神ないし意識の生態学が更に前進したとき、われわれはいまだ神話的なるものの最中に生きていること、神話的なるものが意識の背後にまわり、さりげなく、これまでになく巧妙に精神を篭絡していることが明らかにされるかも知れない。それが今では、忘れ去られ、死に瀕し、あるいはまったく変質したものであろうとも。

そして、神話的なるものが大衆の魂のうちで目醒めるとき、個々人の生存を支えている欲望や、彼の無意識の祭壇をなしている最後の存在意義、あるいはひそやかな牽引や反撥の情などが、歴史の流れの巨大な構造と、瞬時に火花を散らして結びつけられるのである。流体にも似た群集が歴史の流れを巨大な力で押し進め、旋回させ、あるいはせきとめるのは、このようなときである。

神話の現象学にもひとつの弁証法がみられる。未分化の混沌たる神話的世界をあとに長い道のりをたどり、逞しく成長した認識の諸領域が再び統合されるとき、神話的世界は大きく変貌し、新たなる次元で甦えるであろう。

時間と永遠

認識と表現の体系としてみれば、神話の構造はこのようなものであるが、神話は、その意味するところからみればもう一つの二重構造をもっている。それは、時間的構造と超時間的構造とでもいうべきものである。

神話は過去の或る時代の出来事として、ひとつのドラマとして物語られる。しかし、それは単に過ぎ去った昔の物語ではない。太古に起こったその事件は、現在の世界と社会の構造を開示しているのである。神話はこの世の始源のときに起こった事であると同時に、永遠に回帰する原型である。そこには、その種族が認識し得た世界と社会の本質と構造が表示されている。

ここでは、世界の本質の探求も、自己の精神の深層への沈潜も時間の遡行という形をとって行なわれる。

自己の生活あるいは自己の生命の由来をたずねるとき、ひとびとの意識ははるかな過去へと遡って行く。

彼らが時間の流れを遡るとき、彼らにとって時間の構造は多くの場合系譜の観念と分かち難く結ばれている。彼らは過去へと遡行する。そして系譜の節々に始祖の姿を見、その度毎に連帯感と帰属意識のより広い地平へと歩み出るのである。そして遂に闇と混沌を背負ったあの薄明の世界にまでたどりつく。そこに彼らは鮮烈なイメージをみる。

たとえば彼らが現存する首長の姿を見、その偉大な力を想うとき、現実の首長の背後に、あの神話的人物に似た首長の形象が幾重にもかさなってはるかな過去の薄明へと続く。しかし、神の子である最初の首長、原型としての、それ故真正の首長の出現する原初の薄明の世界にまで彼らの視線がとどくのはほんのまれで、しかも瞬間でしかなかった。

意識がそこよりさきにまで広がることはなかった。そこは、世界が定かならぬ生成の相においてあらわれ、万物が果てしない多義性を帯びている、意識の極北なのである。

意識がそこまで到達したとき、彼らは色あせ固定化した日常性の呪縛から解き放たれ、世界の構造をひとつの鮮烈なドラマとして、その生成の相においてみるのである。

その世界には何ひとつ固定したものはなく、何ひとつ鎖されたものはない。すべての存在は生成の途上にあり、恐るべき呪力をもち、自由に変貌し融合するのである。

混沌と生成

神話は世界を生成の相においてとらえる。神話が好んで物語るのは、闇と混沌の中から光と秩序が生まれ出る過程である。

神話的原型は永遠に存在する世界の構造を示しているとすれば、混沌は今なお世界の根底にあってこれを支えている実相であろう。

ドゴン族の長老の一人の、「秩序の存続のために必要なのは明白な無秩序である」という言葉をここで思い出そう。彼によれば、この聖なる無秩序は祭儀において実現されるのである。

神話が人々の意識に浸透するとき、彼らは世界を巨大な混沌と感じ、世界と社会の秩序を生成の相において、あるいは虚構として感じることができるようになるのであろうか。世界を混沌とした未知の闇と感じるが故に、それに構造を与えるよう駆り立てる人間のやみ難い構築意志が、そのときひとびとを貫ぬくのであろうか。

おそらくそこには、恐れと不安と構築への衝動がからみ合い、苦悩と歓びが交錯する恍惚がある。それは「不条理」な世界に生を受けた人類の意識の原型であるといえよう。

人々がそこに見出すのは、鎖された自己の内面の密室やその幻想ではない。むしろ時間の流れをそこまでさかのぼったとき、人々は自己の境界を越えて歩み出し、自己そのものをすら生成の相においてとらえるのである。彼らは世界のドラマの中に身を投じ、そこに種族の生命と共に生まれそれに支えられている自己の生命を感じとるのである。

かくして神話は真の連帯意識をねりあげるるつぼとなり、また自己からの超脱を可能にするメカニズムとなる。神話が人々の精神に浸透するとき、世界は一瞬変貌する。それは比類ない生の祝祭である。祭儀において神話的世界は回帰し、あらわになる。太古の世界における如く万物は生成の場におかれ、ドラマに参入する人間たちは、かつて始祖たちのもった偉大な能力に感応する。祭儀は行動に移された神話にほかならない。

永劫回帰

神話的世界に生きる人間たちにとって、神話は永遠に回帰する範型であり、原型である。現実に存在するすべての事象の現実性と価値は、その事象が神話的原型にいかに近いかによって定まる。いわばすべて価値ある事象は神話を模するのである。ここにはひとつの明確な認識がある。「陽の下に新しきものなし」。新しい年の訪れる毎に、創造の技が繰り返され、ひとつの年の最後の日が死滅するとともに、混沌たる闇夜が世界を支配する。世界のすべての事象は、この世のはじめのときに実現した原型の現実化に過ぎない。そして、この現実化こそそれらの事象の意義であり価値である。この原型から逸脱するような現象はまったく無価値なものである。それらは存在するということすらできない。ヘーゲルの「存在するものは合理的である」という命題を真似れば、「存在するものは神話的である」と言えようか。

生と演技

人生についてもまた同様である。各人は神話の中に登場するいずれかの人物の行動を模する。いいかえれば、その人物の役割を演じる。ひとが自ら実現しつつあると考えている原型こそ彼の生の導きの星であり、彼の生に価値を与えるところのものである。こうしてひとは太古以来無数の父祖たちが歩んだわだちをたどる。そのことによってひとは永劫に繰り返す宇宙のドラマに参入するのである。

たとえば、それぞれの長男の背後には、過去の無数の長男の影の列がつらなり、その果てに、父に反抗し母と結婚した、あの神の最初の男児のイメージがちらついているのである。首長たちの姿は、やはり偉大な最初の首長のイメージと重なり合い、ときにひとは両者の区別を忘れるだろう。

また、このような例もあろう。或る男が自分と同じ種族に属する他部族の地を訪れる。彼は問われるままに自分の部族を名乗る。それを聞いた者たちは、その男の背後にその男が属する部族の始祖といわれる神話的人物の定かならぬ姿が重なっているのを感じるであろう。偉大な治癒の呪力をもっていたといわれるあの神話的人物。ひとびとはその男を遇すべき仕方をただちに悟る。彼ら自身もう一人の神話的人物＝始祖のイメージを背負う者として、ひとびとはその男に相対するのである。

この世界においては新規なもの、単に個別的なものは何ものでもない。発見することではなく、演じることに価値がある。より明らかに、より強烈に演じること、言いかえればより深く神話的世界へと迫まること、生の極意はそこにある。

人間にとって、神話的世界がどのような意義をもっているかを明らかにするために、更に別の側面から考えてみよう。

生のドラマと宇宙

神話においては、世界の構造はひとつのドラマとして示される。そこで示されるのは、人間的生の条件をなすものの構造である。このドラマの基調をなすものは、生と死の対立、抱擁と殺戮、自らの生存のために世界に挑む人間の欲望などである。ここでは生と社会と世界は同一の構造に貫かれている。そしてこの構造は、人間の根源的な欲望と情熱の言葉で把握されている。人間的生のドラマは壮大な宇宙論となる。神話は、自らの欲望によって世界へとかなしばりにされている人間の条件を浮彫りにする。これらの神話は無意識の深みで人間をつき動かす欲望をつかみ出し、明確にし、その欲望を充足するメカニズムとして世界と社会の構造を示す。ここには、つねに或る種の予言がある。なぜなら、ひとはみずから演じる役割の運命を示されているし、人間の行為の有効性は神話が示す世界の構造そのものによって保証されているのだから。

こうして神話は人間の根源的な欲望を共同体と宇宙に結びつける。

神話の背後には、常に自らの生存のために世界に働きかける人間集団の生活がある。この人間集団と（世界自然）の現実の相互作用こそ神話の真の源泉である。この相互作用の重要な部分を呪術や祭儀が占めている。それは孤立した個人の密室の幻想ではない。神話を貫く、世界への欲望と意志は、神話が呪術と儀式を相伴っていることにもあらわれている。それらは人間が世界に働きかけるためのメカニズムであるだけではない。逆に世界も、あるいは客体もそれを通じて人間の中に浸透し、働きかけるのである。祭儀や呪術は神話の器官であるともいえようか。

これらすべての局面を通じて、神話は現存する秩序を聖化する。それは常に、現存する社会秩序の正当化の機能を果たしている。このことが歴史の流れの中で神話がたどった運命に大きな影響を及ぼす要因となった。

もはや人間をより広大な生命の源へと結びつけるものではなくなった社会の秩序を正当化することに利用され始めたとき、神話の衰滅は始まる。神話は単なるイデオロギーとなる。衰滅にむかう神話は、人間を生命なきものの陰に閉じ込め、精神を枯渇させ、非道と残虐の跳梁する世界のうえに、うつろな哄笑を残すのである。

しかし、これはアフリカ神話の世界よりも、むしろわれわれ自身の世界の問題と言うべきであろう。

補章――その他の種族の神話集成

アバルイアの創世神話

世界は〈万物を与えるもの〉であるウェレ・ハカバによってつくられた。世界の全体とそこに存在する全てのものをつくる前に、彼は自分の住処である天をつくった。天が落ちないよう周囲を柱で支えた。ウェレ・ハカバは天を誰の助けも借りず一人でつくった。それから彼は不思議なやり方で、二人の助手、ウェレ・ムクソヴェとウェレ・ムルムワをつくった。神と二人の助手の住処である天を神は稲妻のごとく、また不思議なやり方でつくった。天は常に明るく輝やき続けていた。

天をつくった後、神はそこに何かおこうと思った。最初に彼は土をつくって天におき、続いて太陽をつくった。

はじめ月は、弟である太陽よりもはるかに大きく明るかった。月を羨んで、太陽は月を襲った。

二人の兄弟は格闘し、太陽は月に打ちのめされて許しを乞うた。月は弟の頼みを聴き入れた。

その後、この二人の兄弟は再び格闘した。今度は太陽が勝って月を泥の中へ投げ込んだ。太陽は、月が輝やくことができなくなるよう泥まみれにした。神が来て二人を引き分けてから言った。「今後太陽は月より明るく輝やき、王や指導者やその他すべての存在を善悪にかかわらず照らすことになる。それが昼である。月はただ盗人や邪術師やその他夜の存在を照らす」。月は、弟の太陽を許すほど愚かだったので、その輝やきを奪われた。憐憫の情などに負けないで、太陽を再起不能ならしめるべきだったのだ。

月と太陽をつくった後、神は雲をつくって空へ置いた。それから稲妻のもとになる大きな雄鶏をつくった。この雄鶏は色が赤く雲の中に住んでいる。それが翼をゆるがすと稲妻を生じ、鳴くと雷鳴になる。次に太陽と月を助けるよう星をつくった。最初に二つの大きな星イスルウェがつくられた。その一つは東で輝き、他の一つは西で輝く。東のイスルウェは夜明け前に光り、西のイスルウェは日没後地上を照らす。その後他の星々がつくられた。

神は雲の中に何かをおきたいと思った。そこで彼は雨をつくって雲の中へおいた。雨は後に地上の全ての水の源となった。

次に神は必要がない時には雨を止ませることができるように二つの虹をつくった。男の虹は狭く、女の虹は広い。男の虹だけでは雨を止ませることができず、男女揃ってはじめて止ませることができる。雨を止ませるためには男の虹が先に現われ、次に女の虹が続く。

次に神は空気と《冷たい空気》をつくった。この冷たい空気が天の水を雹にする。神が天とその中に存在するものをつくるのに二日かかったといわれている。天とそこに存在するものをつくった後、二人の助手や彼のつくった全てのものが、どこかで働くことができるようにと考え、大地をつくる決心をした。不思議なやり方で大地をつくり、山や谷や大きな窪みをつけた。

太陽をつくり、それに光り輝やく力を与えていたので、「誰のために太陽は輝やくのか？」と自問し、祖人をつくることにした。

祖人はムワムブと呼ばれる。彼は話すことも見ることもできるようにつくられていたので、話しかけるべき相手が必要だった。そこで神は最初の女セラをつくり、ムワムブの妻とした。

この二人が飲料水を欲したので、神は天の水を地上へ注いだ。天から降ってきた水は、地上の大小さまざまな谷や窪みに溜り、大小さまざまな湖や河や谷となった。

大地に水をもたらしたあとで、神は植物をつくった。「それらの植物を食うものがいなければそれらはあっても無駄だ」と独り言を言い、神は動物や鳥、その他水中や地表や地中に住む全ての生物をつくった。

最初の動物は、野牛、象、カバ、サイだった。神はムワムブとセラに或る種の動物の肉だけを食べ、他を食べないよう命じた。

彼は二つのひづめのある動物の肉と湖と河に居る魚の肉のみを食べるよう命じた。彼は、虹やトカゲのように地上を這う動物を食うことを禁じた。また、ハゲタカのような屍体を喰う鳥を食うことも禁じた。

家畜は野牛に由来する。かつて一頭の野牛が子供を連れて行ったとき、神はそれを驚かした。野牛は逃げ、あとにのこった雌雄二頭の子牛を彼は二人の祖人に与えた。その子牛は人間の手で育てられ、家畜となった。ムワムブとセラは蟻塚の上で子牛を飼っていた。そのため、或る人々は家畜が蟻塚の中から現われたと信じている。

最初の夫婦は、エムバイと呼ばれる地に住んでいた。彼らの家は柱に支えられ、地表から離れていたので、梯子で昇り降りしなければならなかった。彼らは家に戻ると、誰も入れないよう、梯子を上げてしまった。これは地上に人間を襲う怪物がいたからである。

はじめのうちこの夫婦には子供がなかった。ムワムブは妻を知らなかったのだから(祖人夫婦は長く性交の方法を知らなかった)。しかしその後、男は女を知り、彼女はひとりの男の子を生み、その子はナシオと名づけられた。リラムボとナシオは成長すると、両親から離れて地上に住んだ。彼らもまた子供を儲けた。しかし子供達は地上をうろついているアマナニに喰われる危険にさらされていた。

リラムボとナシオを生んだ後、セラは更に二人の娘、シムビとナキトゥムバを生んだ。

長じて後、この二人はリラムボとナシオの息子達と結婚した。こうして人間達は地上に広がりはじめた。神は全部の仕事を六日間で完成した。七日目は「悪い日」だったので彼は休息した。

バッィッィの創世神話

天地創造―天上における幸福な生活

至高者(神)は、最初に二つの国をつくった。一方は高いところにあり、その上には雲や太陽や星がおかれた。もう一方の低いところにある国は、上にある国に似せてつくられていたが、美も歓びも奪われていた。それはわれわれの住んでいる大地、悲惨、苦痛、労働、反乱の国である。

天地創造の以前には何もなく、イマナだけがいた。

天上でイマナは美しく有益な全ての植物を造り、全ての動物の一組の兄妹をつくった。人間達はそこで神(イマナ)と親しく暮らし、労せずして動物や植物を利用した。苦しみと病いは知られていなかった。

追放

歳月が流れ、人間はどんどん増えていった。しかし、幸福に満ちた天上にあって、子孫を残すことができないのを悲しんでいる一人の石女がいた。彼女は、粟やビールやミルクの贈物をもって神のところへ行き、子供を与えてくれるよう嘆願した。神は誰にも秘密をもらさないことを条件に女の願いを聴き入れた。

そして神は粘土を唾液で湿らせ、こねて小さな人の像をつくった。神はその像をつぼの中に入れ、九カ月間朝夕ミルクを注ぎ、四肢が丈夫になったら取り出すよう教え、秘密をもらさないよう命じた。

言われた通りにして月満ちた時、女は泣き声を聞いて子供をつぼからとり出した。その子の名はいまでは知られてないが、天から降りてきたのだからキグワと呼ぶ。

キグワが離乳の年令に達すると、女は再び贈物をもって神のもとを訪れ、次の子供を要求した。神は前と同じ条件でニイナキグワ（キグワの母）の願いを聴き入れた。

キグワの場合と同様にしてルトゥツィが生まれた。

キグワはルテンダ王が属するバニイギニヤ一族の始祖であり、ルトゥツィはバガ一族の始祖である。

ルトゥツィが離乳のときをむかえると、ニイナキグワは三度神のもとへ行って、女の子を恵んでくれるよう頼む。これまでの二人と同様にして今度は女の子が生まれた。

この子はニイナバトゥツィと名づけられた。歳月は流れ、子供達は成長した。美と知慧において彼らに匹敵するような人間はどこにもいなかった。

キグワとルトゥツィは父について狩にでかけていたが、二人の矢は必らず獲物を倒した。ニイナバトゥツィは家で母の手伝いをしながら、誰よりも美しいござを織った。全ての人が三人の若者を讃嘆し、両親の幸せを祝福した。

ニイナキグワには一人の妹がいた。彼女もやはり石女で、姉が子供を得た秘密を知りたがっていたが、ニイナキグワは神との約束を守って秘密を明かさなかった。しかるに或る夜、姉妹でビールを飲んでいる時、ニイナキグワは妹に全てをしゃべってしまった。

神は怒って彼女に言った。《お前は約束を破った。子供達をお前から奪い、悲しみと労苦の国へ追いやろう。お前の贈物を私はもう受けまい。贈り物より服従の方を私は尊ぶ。》

その日動物は急に敏捷かつ猛々しくなり、狩に出た兄弟は一匹の獲物も持たず、空しく疲れ果てて戻って来た。やがて神は三人の兄妹を地上へ追放する。

ニイナキグワの深い深い悲嘆に同情した妹は二人で行って神の怒りを鎮めようと提案した。神は二人の女の提案を聴き入れて、子供達を憐れみ、彼らの運命をやわらげること、また母が天の裂目から子供達を見えるようにすることを約束した。更にいつの日か彼らが許されて天上に帰ることができることも明らかにされた。

われわれバトゥツィは神イマナの子供である。われわれの父は天から来た。神は一度はわれわれを罰したが、許しをも約束した。

バフトとバトワはわれわれより前に天上から追放されたのであり、神は彼らを許すことを拒んだ。だから、今日もし彼らが何らかの福祉に恵まれているとすれば、それをもたらしたのはわれわれである。王とバトゥツィは国家の心臓だ。バフトがわれわれを追い出せば、彼らは全ての福祉を失なうことになるだろうし、神の罰を受けるだろう。

われわれはイマナの子供なのだからリヤンゴムベに仕えない。

ルアンダへの定着

キグワとその弟妹とは、天の穹を通り抜け、星々の間を横切り、どんどん降り続けてカゲラの近くのブガンザにあり、カラグウェと向き合っている丘の上に着いた。地上での生活を始めるには多くの苦痛と困難に耐えねばならなかった。

天上で食べていたような動物や植物は全く見当らなかった。彼らには、牡牛も山羊も鶏も種子もなかった。彼らは鎌も刀も鶴嘴も槍も弓矢も持っていなかった。彼らは何一つ持たないで天から追い出された。寒かったが暖をとるための火はなかった。空腹だったが食べるべきものがなかった。彼らは泣いたが、勇気は失なわなかった。彼らは自分達の手で折り取った枝と大地から抜き取った草で小屋を建てた。それでどうにか猛獣と寒さから身を守った。彼らは大地をおおう苦い草を食べて飢えをしのいだ。病いと飢えと寒さに苦しみ続けた十日間のあと、彼らが父なる神に祈ると、天から火が降ってきた。こうしてキグワ達は火の用い方を知る。後にはバトワもキグワから火の作り方を学んだ。

三日後、三人の兄妹が小屋の前で天上にいた頃の幸福な生活のことを語り合っていると、突然天の一角に裂目ができて、植物の種子が降ってきた。五月ささげ（いんげん豆）、バナナ、もろこし、その他ルアンダで栽培されている全ての植物の種子はこの時降ってきた。その後様々な道具が天から降ってきた。三人はそれらの道具を用いて土地を耕やし、種を播いた。

キグワ達がやって来る前にルアンダにはすでに三つの家族――バシンガ、バゲセラ、バジガバーがおり、森にはバトワが居た。彼らの祖先はある大きな罪のために天から追放されたのだった。彼らは神に許しを乞わなかったので、極めて悲惨な生活の中に放置されていた。彼らは草と木の葉で生命をつないでいた。

さて、ムジガバの一人が食料を探している時、キグワの小屋から立昇る煙に気がついた。彼はそれを雲だと思い、様子を見に近づいて、よく耕された菜園と見たこともない植物を発見した。彼はそこで珍しい道具をみせてもらい、御馳走になって帰る。やがて、ムジガバもバゲセアもバシンガも全ての人間がキグワの指導のもとに農耕を行なうようになった。こうしてキグワは人々の長となり、ルアンダ王として知られるようになった。

ル・ムタバジ　キグワとその弟は妻にすべき女を見出すことができず、神に祈って相談した。祈りが終ると共に雷鳴がとどろき、天から一人のひとが降りてきた。それは神がキグワ達と神と仲介者として遣わしたムタバジだった。彼らはムタバジに窮状を訴え、彼は稲妻にのって神のもとへ帰った。

天では会議が開かれ、ムタバジもニナキグワも地上にいる三人を助けるよう神に願った。神はムタバジに命じて、天にいる全ての獣や鳥をひとつがいずつ集めさせ、それを地上へ連れて行かせた。それらの生物はおのおの兄妹一対になっていた。神はキグワとニナバツシとが結婚するようムタバジを通して命じた。二人の間には男女三人ずつの子供が生まれた。

ルツシは長女と結婚したいと申し出る。キグワは自分の息子と娘が夫婦になることを望んでルッシの申し出をはじめは断っていたが結局譲歩する。

この時以来、バニギニャ（キグワの子孫達）は娘をベガ（ルツシの子孫達）へ嫁がせ、ベガの女はバニギニャの男と結婚するようになった。

バツシの全ての家族は彼らの血を引いている。キグワとルツシは天から来た恵みを他のひとびとにも分け与えた。二人は天の王イマナの子供だった。

ムタバジはキグワとルツシを愛していたので、彼らと一緒に生活することを望んだ。彼はキグワと義兄弟の契を結んだ（血の盟約）。彼の力によってルアンダは全ての災厄からまぬがれていたが、彼がキグワとルツシを守っているのに嫉妬を抱いた邪まなひとびとが彼を捕らえ、鉄で樹上にしばりつけた。ムタバジはそこで死んだが、神は彼を甦らせ天上に連れ去った。キグワとルツシはムタバジの死を悲しみ、殺害者達に復讐した。

ムタバジはその後はルアンダに来ないが、天上にあって彼が愛している国のためにとりなしている。そしてこの国を災厄がおそうと彼は王の息子に宿り、国を救う。

バルバの創世神話

神話A　昔地上には誰も住んでいなかった。大地の創造主カベジャ・ムプングは祖人キヨムバと二人の女を送った。その時創造主は彼らに、火をつくるための道具ルビオを与え、また頭髪の中へ植物の種子をおいた。

キヨンバは、ある日ぶらついている時、植物が芽生えかけているのを見、それが頭髪の中に入れて持って来た種子から出たものであることを知った。それらの植物は実って、粟やマニオクなど現在の食用植物となった。食べてみるとうまかった。(彼らはこの時迄おそらく森の木の実で生きて来たのであろう。)

彼らは植物を栽培しはじめた。そのためには土地を耕やさねばならない。しばらく彼は木製の堀棒を用いていたが、それでは仕事がとても苦しかった。その後、柄をつけた石の堀棒を用いてみたが、やはり仕事は楽にならなかった。そして遂に鉄製の堀棒を用いるようになった。仕事は速く楽にできた。鉄の堀棒は現在迄用いられている。

神話B カベジヤ・ムプングは地上に一人の男と二人の女をおいた。地上の最初の住人達は永い歳月を幸福に暮していた。そのうち一人の女が年老いてきた。カベジヤ・ムプングはそれに気づいて彼女に若返る能力を与え、もし最初の試みに成功すればその能力を彼女とその子孫にいつまでも与えようと約束した。

女は自分の体がしわに被われているのに気づくとすぐ、ビール用の粟を箕にかけ終ったもう一人の妻から箕を借りて、小屋にとじこもった。注意深く戸を閉めてから彼女は自分の皮膚をはぎ、それを箕に入れた。苦痛は全く伴わなかった。古い皮膚をはぐと同時に幼児のような新しい皮膚が生じた。手術は大体終り、頭と首しか残っていなかった。この時もう一人の妻が箕をとりにその小屋の方へやって来て、中にいる女が止める暇もなく小屋の扉を開けた。若返りつつあった女は直ちに死に、それと共に若返りの術も失なわれた。この時以来人間は全て死すべきものとなった。

神話C

昔、地上には一人の男と一人の女だけがいた。ある日、女は森へたきぎを拾いに行った。深い繁みのかたわらを通ろうとして、彼女は突然背後の枝の中で物音がするのを聞いた。驚いて振りかえると、繁みから声がした。

《こちらへ来なさい。お前にきかせるべきこと、啓示すべき秘密がある。》

女は好奇心を感じて近づき、灌木の上に竜に似た不思議な生き物を見た。女は更に近づいてたずねた。

《あなたは何？　そして私にどんな用があるの。》

《私はキジムだ。お前にすばらしい贈物をしようと思っている。ここに二つの果実がある。この中には貴重なものが入っている。しかし、そのうちの一つをお前の夫に与えてからでなければ、中を開けてはならない。夫の分を与えたら、自分のを開けなさい。お前はその中に入っているものを胸におき、満足するだろう。》

女は家へ帰って男に出来事を話したが、彼の分もあることは黙っておいた。彼女は少し離れたところに隠れて果実を割ると、魔法の粉がでてきた。それを胸につけると、彼女ははじめて羞恥を覚え、女であることに気づいて動揺した。

一方、男は森へ行き、例の繁みのところで同じ物音をきいた。キジムは男に言った。

《お前に与えるようにと、女に預けた果実をうけとったか。》

《まだです》
《けしからん、しかしまあいいだろう。ここにもうひとつある。》
男はそれを受け取り、家に着く前に割って中味を胸につけた。たちまち彼は自分が男であることを知り、新しい欲情を覚えた。彼は家へ帰って女を見つけるといきなり喧嘩をふきかけた。
《どうしてキジムが俺にくれたものをかくしたのだ。俺が最初に開けるべきなのに何故先に開けたのだ》
それ以来男は女を求めるようになり、夫婦はしばしば争うようになった。

神話D　昔、カザリの子でカハトワという名の男が、西の方、ロマニの彼方にある遠い国からやって来た。彼はキサレ湖の畔に定住した。彼と二人の妻とは全てブイナムバヨの一族だった。一人の妻は石女であり、その名は忘れられている。他の一人はヌダイとよばれ、ベナ・ルバ或いはバルバの分枝の出身だった。彼女は出生とともに神コンゴロの加護のもとにおかれていた。コンゴロは双性の神で、雌雄二匹の蛇がその化身となっている。

二匹の蛇はおのおの別の川に住んでいるが、時折われわれの頭上で結婚する。二匹の蛇が二つに結ばれる姿は極めて鮮やかな色を帯びて見える。それは虹である。

ヌダイは一人の男児を生み、彼は家族の守護神コンゴロの加護のもとにおかれ、コンゴロムアンバと名づけられた。

彼女は更に二人の女児を生んだ。一人はブランダすなわち《貧困》と名づけられ、他の一人はケータすなわち《乏しい肉》と名づけられた。彼のもとにはベレラという名の幼い姪も一緒に住んでいた。家族の者は皆生きいきした赤い肌をもってた。その頃、大地はやわらかく、ひとの足跡や鹿の蹄の跡が一番堅い岩にすら残った。

創造神はこの家族の祖先、キヨムバに火を与え、植物を栽培する方法を教えたのだった。

さて、ある日、ブランダは水を汲みに湖へ行った。そこで水を飲んでいる見知らぬ男に出会って彼女は大層驚いた。男は手に弓矢と槍を携え、そのまわりには数匹の犬がいた。それはタンガニーカ湖の岸にあるムビリからきた狩人だった。ブランダは男に近づいて挨拶し、彼が何者で、どこから来てどこへ行くのかをたずねたが男は答えず、自分のそばに誰もいないかのように知らぬ顔で水を飲み続けた。びっくりしたブランダは兄のコンゴロ・ムマンバのところへ駈け戻って様子を告げた。

《早く湖へ来て、見知らぬ男がいる。ものを言おうとしないのよ。》

兄は湖の岸へ行き、見知らぬ男にたずねかけたが、相手はやはり答えなかった。当惑したムアンバは直ちに神バンザの神託を告げるソルシエのところへ相談にかけつけた。

神のお告げは、《その見知らぬ男の名はカケンダ、キバワの国の東の偉大な王にして狩人だ。獲物を追ってこの地へ来た、急いで行って彼のためにバラの生垣で囲まれた聖なる小屋を建て、いろりに火を焚いて、彼を招じ入れるがいい。》

ムアンバは急いで準備を済ませ、カケンダのもとへかけつけた。カケンダは主人の望みに応え、小屋に入って親しくしゃべりはじめた。

ヌダイとその娘達は美味な食事でもてなし、彼は満足して数日間そこにとどまった。ある日、カケンダ王はブランダが一人で川の方へ行くのを見つけ、彼女に近づいて結婚を申し込んだ。少女は承諾し、二人は結婚した。やがてブランダは子供を宿した。カケンダは喜んで、妻とその家族の者達に言った。

《妻は近く母親になろうとしている。われわれはもう私の国へ帰らねばならない。》

彼は出発し、やがて妻は一人の男児を生んだ。赤ん坊はカララ・イルンゴと名づけられた。この子は生まれた時から活力にみちみちていた。

彼は自分自身に言った。

《それは私、カロンザ・ムワリ、カムパンガラ・ムワイ、朝生まれた子供である私は同じ日の夕べを自らの武勲に輝く夕べにしようと決心したのだ。》

生まれて数時間すると、カラ・イルンガはコンゴロ・ムアンバ一族の子供達と遊んだ。彼はペタを楽しむようになった。自分に何ができるかを確認した後、彼は独り言を言った。

《生まれてからもう長い。もう十分頑丈だし力もある。》

そして彼は新たな武勲を求めて森の方へ出かけた。森の奥をさまよっている時、彼は白蟻の巣を襲撃してきたばかりの蟻の群をみた。

どの蟻も全部牙に敵の死骸をくわえていた。彼は思った。《何だ、こんなちっちゃな奴らですら他の虫を襲い、殺し、捕えるに十分な勇気をもっている。俺に同じことができないなどということ

があろうか。そんな筈はない。俺も人間共を殺してやろう。》
彼は林へ戻ってコンゴロの一族の者を若干殺し、数人を捕虜にして森に連れ込み家来にした。このことを知ってコンゴロは激怒した。
《あの男は私の身内を殺したり、捕えたりした。よし、私が彼を殺そう。》
彼は殺人の計画を胸に秘め、黙って時を待った。多くの日々が過ぎ去り、あの出来事は忘れられたかに見えた。だがコンゴロは依然として復讐の思いを燃していた。
ある日彼は村の中央に深い穴を掘り、土とござと砂でうまく被って誰にも気づかれないようにした。それから彼は甥をビールとダンスを楽しもうと招待した。カララは招きに応じる。そして指定された時刻、一族の者は皆騒々しい歓喜の中で粟酒の壺をつぎつぎと空にし、ダンスを始めた。コンゴロは列の先頭に立った。敏捷で調子のよいステップ、優雅な身振りで彼は踊り手の列を導いた。ジムルダの男がこれ程うまく踊ったことは後にも先にもない。踊手の群は、陽気に進んでは退き、ジグザグを描き、円やら線をつくっては美しく閉じたり開いたりした。少しずつ少しずつ人々はあの落し穴に近づいた。甥はおじのすぐ後に続いていた。突然の、しかし踊りの型に含まれている跳躍によって、コンゴロは穴を越えた。カララはまちがいなく罠にかかる筈だった。しかし、不逞な若者は屈託なく善意に溢れた笑いをよそおいながら、一歩一歩に鋭い用心をこめていた。彼は気づかれないように槍で軽く地面を叩きながら進んでいた。ここで大地は彼の槍先でしなった。罠がある。激怒して、コンゴロに言った。

《コンゴロおじさん、ここに落し穴がある。あなたは私をそこにおとして殺そうとしていた。よろしい。今私はどうすることもできない。しかし帰って父に知らせ、一緒にやって来よう。》

彼は直ちに立ち去った。彼はカメロンドの右岸に沿って下り、支流ルアラバの近くの村キルバに着き、そこでボートをもらいうけて対岸に渡った。

コンゴロはその時しばらくためらったが、ただちに思い直し、カララが父のもとに着く前に殺すべく後を追った。キルバの村についてボートを求めたが空しかった。カララが村の長にいったのだ。《もしここに赤い男が来ても川を渡してはならない。その男は私を殺そうとしているのだ。私はキバワの王、東方の偉大な狩人の息子だ。》

コンゴロはしかしあきらめなかった。彼は長い枯草の束で筏を組ませ、それで渡河を試みさせた。数名がその頼りない筏にのったが、岸を離れるや否や顚覆して乗手達は溺れた。他の者が続いたが、同じ結果に終った。

長老が彼に言った。

《甥ごはもう遠くまで行ったはず、もう追いつける見込みはないのだから引き返そう。》

コンゴロはこの提案をうけ入れたが、出発する前に最後の試みをした。彼はドラマーをよんでいった。

《ここにすばらしいムルラの木がある。この頂きにのぼって、できるだけ大きく太鼓を叩き、私の甥に和解しに戻ってくるよう合図してくれ。》

ドラマーは言われた通りにしたが、甥の太鼓は答えなかった。

怒って我を失なったコンゴロは梯子をはづしてしまったので、ドラマーはあわれなことにおりることができず木の上で死んだ。

コンゴロは河を横切る道をつくろうとして、石を集めさせたり、岩を切り取らせたりして、それを河に投げこんだ。人々は熱心に働いたが、ここでも死者がでた。絶望しうちひしがれたコンゴロは家へ帰ることにした。大きな怖れが彼の心をさいなんだ。《甥の復讐は間もない。それは恐ろしいものだろう。山の洞窟へ逃げよう。》

この時以来、コンゴロはミタの山中で、洞穴から洞穴へと移り住みながら、逃亡生活を続けていた。一方カララは父カケンダにおじを殺すつもりであると言う。だが、カケンダは手助けすることを拒む。カララは一人で復讐をとげようと決心し、おじの村へ来たが家は空だった。彼は山へ行き、すべての谷、すべての洞穴を探索し、ついにおじをみつけ、刀の一突きで殺してしまった。死骸を布で包み、棺に入れて草ぶきの社に安置した。

この時以来、首長の権威は死者の小屋にある。甥はおじの後を継ぎ、権威と聖なる血とを自らの存在のうちで統合した。

この時以来、《血の首長》の存在＝人格は聖なるものとなった。

このようにしてコンゴロはバルバの国々へ聖なる権威を導き入れた。

カララ・イルンガは幾人かの息子をもうけた。イルンガ・ヌスグ、イルンガ・カバレ、キバンザ等。

父の死に際して、彼らはルアラバとロマニの間にある国々を分割統治した。

彼らの子孫は今も続いており、この地方は少なくとも名目上は、コンゴロ・ムアンバ一族のベナ・ルバの諸王の権威のもとにある。

マンデの創世神話

創造神マンガラは最初バラザの種子をつくったが、それは出来そこないだった。それを捨てて、彼は今度は一組のエルージン草の種子をつくった。この一組はファニベレレ、ファニバと呼ばれる。ひとびとはこのことを、《神は世界の卵を自ら生殖できるよう二つの部分からつくった》と表現する。神は更に六つの種子をつくり、この八種に四元素と方位を結びつけ、世界の構造と広がりの指標とした。

こうして西にはファニベレレとファニバ、東にサニョとケニンゲ、北にソとケンデ、南にカバとマロがおかれた。そして、これらすべてはむくげの種子の中に入っていた。このように、最初の種子は互いに性の異なる双児であり、《神あるいは世界の卵》、《世界の胎盤》の中にあったとされている。これらは図解するときにはしばしば、四つの蕾をもつ開いた花として描かれる。この蕾は《神の四つの鎖骨》とも呼ばれる。同じ世界の卵の中に未来の人間の原型たる二組の双児がいた。

双児はそれぞれ男女両性からなっていた。男児の一人ペンバは創造の過程を支配したいと思い、月満ちる前に生まれ、胎盤の一部を切り離し、それをもって虚空を下った。胎盤の一片は大地となったが、それは干からびて不毛であり、彼はどうすることもできなかった。

そこでペンバは天に戻って双児の妹をさがし、再びもとの位置を占めようと思ったが、神がペンバのいた胎盤を太陽に変えていたので、それは不可能だった。ペンバは神の鎖骨から八つの雄の種子を盗み、ひょうたんのつぼにかくして持ち帰った。彼はこれらの種子を大地となった胎盤の中に播いたが、ファニベレレだけが血の中で芽をふいた。他の種子はすべて水不足のため枯死してしまった。ペンバの盗みと近親相姦（胎盤すなわち母の子宮に種子を入れた）のために大地は汚れ、エルージンの種子は現在のように赤くなった。

他の双児の男の児の方、ファロは天にいる間双子のマンノゴの魚の姿をしていた（ニジェール河に現在いるマンノゴ・ブレとマンノゴ・フィはその象徴である。前者は彼の力と生命を、後者は肉体を象徴している）。

ペンバの罪をつぐない、大地を潔めるために、ファロは天でいけにえにされ、体は六箇に切りきざまれてばらまかれた。それらの切片は大地におちて、植物の再生のシンボルである木々になった。その後、神は彼を天で生きかえらせて人間の姿を与え、彼を包んでいた胎盤でできた箱舟にのせて地上に遣わした。箱舟はコウロウラとよばれる山に着いた。

《ファロはこの山から出てきた。彼はマンデの雲の多い空から生命を得た》といわれる。この山の近くにカバコロ或はカとよばれる洞窟があり、その近くの地面にあった穴が最初の池、コ・カロ或いはコバとなった。箱舟の上には甦ったファロと、ファロの胎児からつくられた八人の始祖達がのっていた。八人の祖先はおのおの男女の双児四組からなっており、モゴ・シ・セギとよばれる。またこれらの双児のうち男子はカニシムボ、カニ・ヨゴ、シムボ、ノウノウとよばれる。箱舟の中には地上で繁殖すべき植物や動物が全部入っていた。この最初の人間達は、ファロのように生命力と精神力を有していた。そしてそのおのおのが男女両様の姿をもっていた。男のもつ男性魂ディアは彼の血統にとってはタブーとされている動物の中に入り、女性魂ディアは水の下、すなわちファロの支配下にあった。また彼らの鎖骨の中には神の造った八個の種子のシンボルがおいてあった。

大地に着陸した箱舟から出た彼らは、まず最初に、日の出を眺めた。詩人ソウラカタが天からクリコロへいけにえにされたファロの頭蓋をもって降りてきた。彼はそれを叩いて雨乞いをしたが、無駄であったので、洞窟にすてた。それから鍛冶屋がつき、続いてモウソ・コロ ニ・コウンディ（ペンバの双児の妹）が風にのってボウナンについた。乾き果てた大地をみると、鍛冶屋は雨を乞うて岩をハンマーで打った。すると、天から雨が降り注ぎ、コ・コロの窪みを潔め豊饒にする水で満たした。

それからファロの化身である二つの魚、マンノゴ・ブレとマンノゴ・フィが降りてきた。マンノゴ・フィはファロの息子である人間の原型であり、マンノゴ・ブレはファロ自身を代表し、地上や水中でファロと人類の仲介者となった。こうして、マンノゴ・ブレは多くの人々にとってタブーとされている。

言葉の啓示および聖所の設置

双児のうちの男児のひとり、シンボウバ・タンナガティは最初の雨と共に池に入り、ファロから三十の言葉と神の鎖骨からとった八つの女性種子とを与えられた。受け取った種子をまくために彼は池から出て来た。そして、ちょうどその日の日没時、クリ・コロの近くの丘の頂きに一つの聖所を建てた。それは《世界の卵》とみなされ、マンノゴ・ブレにささげられた。それは最初の池の黒い土でつくられ、竹の屋根はファロの頭髪をあらわしていた。屋根はマンノゴ・ブレのひげ、ファロの言葉、そしてこぼれ水を象徴する六つの陵をもっており、内部にはシンボウバ・タンナガティがマンノバ・ブレの徴をかいた。

聖所の入口からシンボウバ・タンナガティ、種子と雨と言葉の保管者はひとびとに最初の三十の言葉を与えた。彼は夜中しゃべり通し黙ったのは太陽とシリウスが同時に昇るのをみた時だけだった。太陽はペンバの胎盤の残りであり、シリウス星シギ・ドロはファロの胎盤のイメージだった。シンボウンバ・タンナガティが語り続けている間、詩人はファロのよみがえりのシンボルである杖をもっていた。

この杖は最初の池に生えるニョゴニョゴの木でできていた。次の夜、クリ池の中で米の間に隠れていたマンノゴ・ブレが聖所へ来た。

翌日シンボウンバ・タンナガティはマンノゴ・ブレの頭に種子をのせた。その時雨が降り始め、マンノゴ・ブレはクリ池に帰った。雨は丘から土を流し、池の周囲に広げた。

祖人カニシンボはこの土地にシンボウンバ・タンナガティが聖所にもたらした種子をまいた。聖所を建てた後はじめての嵐の後、シリウスの周囲を二つの星がまわり始めた。そのひとつはニョ・ドロとよばれ、ペンバの男性種子を象徴し、他はドリ・ドロとよばれ、ファロの女性種子の象徴である。

第二の聖所の設置

その間に、モウソ・コロニ・コウンディ、ペンバの双児の妹はクリを去ってボウナンへ逃げた。そこで彼女は汚れたファニベレレを栽培し、ペンバと共に食べた。ファロは彼女の後を追いクリへ帰らせた。彼女はファニベレレをいくらか持って帰り、道々落し、《夜播いては、昼し耕やた》。ファロに遣わされた野獣が彼女を止めさせようとした。クリに戻ってきたモウソ・コロニは恐れて、持ってきたファニベレレを七年間隠しておいた。やがてある冬の新月の夜、彼女はその種子をまいた。彼女は彼女とペンバを生んだ胎盤の残りからできているその太陽をとらえようとした。太陽が南にあり、今にも落ちそうな時にまいたので、ファロが氾濫させようとしても、太陽が乾かしてくれるだろうと考えた。しかし、月が昇って、彼女がしたことを照らし出してしまった。ココロ池は氾濫し、水は彼女の畑を被い、マンノゴ・ブレが種子を呑んだ。マンノゴ・ブレは種子の一部分を同じ場所にまき、他を魚の卵の中に入れた。

人間達はモウソ・コロニがまいた穀物を取り入れにきて、ファロの勝利に気がついた。

ひとびとは第二の聖所を最初のそれを模して建てた。適当な場所をさがすため、第三の祖先シンボウンバ・タンナガティは自分の種子をフラスコに入れて、氾濫したとき水がつけた径をたどった。

マンノゴ・ブレが案内した。水が止った場所はファロの最初の座となり、雨後の落日の時、第二の神殿がつくられ、マンノゴ・フィに捧げられた。池の土でつくられたこの聖所の中には、シンボウンバ・タンナガティがマンノゴ・ブレとマンノゴ・フィの徴を描いた。六つの背をもった竹製の屋根はマンノゴ・フィのひげを示している。

シリウス、シギ・ドロの周囲をめぐっている二つの星、ニョ・ドロとドリ・ドロは池からとってきた泥土でつくられ、聖所の屋根からつるされている二つの球で象徴された。その他にも、シリウス、太陽、月、第一の聖所から第二の聖所への道のりなどを示す徴も描かれた。全ての言葉はいずれかの星に結びつけられ、その徴を有していた。

ファロマンノゴのために聖所の近くに井戸が掘られた。マンノゴは、聖所の屋根の修理があるときはいつもその井戸に入ると考えられている。井戸から水をひいて種まきのすんだ耕地に水を注ぐことは《マンノゴを捕えて耕地におくこと》と言われている。

第二の聖所のまわりにはモウソ・コロニの畑にとってかわるべきファニ・ベレレの畑がつくられた。その後これがとうもろこし畑に変わり、とうもろこしがケイタの主食となった。その間に彼女の兄弟は丘に帰りシンボウムバ・タンナガティ第三代目の祖先は丘のふもとに定住し、言葉による命令をした。

最初の村は聖所のある中央耕地の四隅に置かれた。中心がとうもろこし畑カバであるのにちなんで中央耕地はカバとよばれる。カバはまたコウロウラ山中にファロが降りてきた地点の名前でもあり、他のところでは《雲の多い空》の意味で用いられている。

ファロの旅

ファロはモウソ・コロニがエルージンの種子を播いて行った場所を全部氾濫で洗い去るために東方へと旅して、遂にバウナンに至り、ペンバの畑を洪水で洗った。彼はマンノゴ・ブレを連れて行き、種子を呑みこんでおくよう至る所へつかわしたので、盗まれた種子を全部とり戻すことができた。この一連の洪水でできたニジェール河はファロの身体を示している。《ファロはニジェール河の中にうつぶせに横たわっている》と言われている。彼の頭はデボ湖、右手はバニ村、彼の全身はニジェール河自体である。

ファロは両性（或は異性の双児）なので、両岸では相対する両性を示す。河に沿って一連のファロ・テイムが、彼が休んだ場所、彼が人間の未来の誕生のために種子をサイルリアン魚の形で残した場所等を示している。

ファロは唯一であると共に遍在し、生殖力のある存在とされている。

コウリ・コロより上流地方では、彼が河の流れに責任を有し、下流地方では、おのおのファロ、テイムを彼の子孫の一人が守っている。

カバからアッカまでの二十二個の主要なファロティムは直接ファロに結びついている。これらは彼の体の二十二個の部分を代表している。コウリ・コロからモプティ迄の二十二個所は第二代すなわちファロの子供に、モプティからアッカ迄の二十二個所は第三代すなわち孫に結びつけられている。第四代目は池や井戸や小川に関係がある。

これらの四世代は箱舟に乗って降りてきた四人の祖先と関連している。最初の世代はモウソ・コロニが種子をまいた地に住み、次の世代はマンノゴがモウソ・コロニに播種を止めさせるために掘った場所に住み、第三世代は《マンデがアッカの地まで広がった》ことを記念してとうもろこしの播かれた地方に住みついた。

おのおののファロティムは水の広がりとファロの旅に結びついた独自の名前を有している。たとえばカバのセネボはモウソ・コロニから取り返したファニ・ベレレの畑を意味する（ここにはコウロウラの丘から持ってきた種子が播かれた）。コウロウバのカンディはファロが地上にもたらした水と雨を意味する。ペンバはファニ・ベレレをはじめてまき、育てて食った。その後、ファロが到着して以来、ひとびとはファニバを栽培するようになった。

人間はファロの水のおかげで二種類のエルージンを栽培することができる。

バマカの上流のサマヤナではファロティムはシラクルとよばれる。ここではファロは向きを変えた。天上では彼は真直ぐに歩いていたが、地土では河のように蛇行した。そして彼の歩みは土壌を潔め、その活力を更新した。バマコではスタドヌとよばれる。さかまく水のとどろきは、ファロの太鼓のリズムを想わせる。

第二の言葉の啓示

この啓示はファロの生殖器に当る土地でなされた。ファロは本質的に生殖力であり、その地は彼の種子と人類の誕生に結びついている。箱舟できた最初の四人の男の祖先は双生妹を交換することによって結婚した。シムボウムバ・タンナガティは《言葉》

を伝えるために、丘の聖所で、これらの夫婦から生まれた最初の異性の双児をいけにえに捧げることにした。彼は詩人にいけにえの皮でタマ（ドラムの一種）をつくるよう頼んだ。材料となるウグェレの木は丘に成育してファロの一本足を象徴している。それから二つの太鼓をつくることは、ファロの一本足を人間の足のように二本に分けることを意味しているし、水を伴ったファロの旅を連想させもする。タマという太鼓の名前はタ（遠くへ行く）という語からきており、やはりファロの旅を記念している。太鼓の二枚の皮はおのおの男性と女性の音を出し、全てのリネエジに双児が生まれるようファロにいけにえが捧げられた。

カバからいけにえの捧げられたタマニへ行くとき、ひとびとは水位の上昇とともに聖所に入ったモンノゴ・ブレに案内された。彼らは河の右岸に沿って東へ進んだ。昼間は昇る太陽に向って進み、夜は日没と時を同じくして東に昇るシリウスに向って進んだ。タマニにおける《言葉》の啓示にそなえて、シンボウバ・タンナガティは丘の聖所から種子を携えてきていた。その種子は《言葉》が増えるごとく、ファロの生殖器に当る豊饒な地で殖えるはずだった。

メンデの神話

最初にヌゲオは大地を造り、地上の全てを造り、最後に一人の男と一人の女をつくった。ヌゲオはその男女に何か欲しいものがあったら彼に頼みさえすればよいと約束した。

そこで彼らはひっきりなしにヌゲオのところへ行った。彼は思った。もし彼らの近くにいると、彼らは次から次へと要求して、自分を疲れ果てさせるだろう。今のうちに彼らからはるかに遠い高所に新しい住処をつくろう。

ヌゴンベの神話

昔、アコンゴは人間と一緒に暮らしていた。人間は喧嘩好きでいつも面倒を起こしていた。ある日、人々が大喧嘩をはじめたので、アコンゴは森の中へかくれてしまった。それ以来彼をみたものはないし、ひとは彼について何もしらない。

ヌバの神話

神話A 昔、天と地は近接していて、人々をおさえていた。女は粟がゆを適当にまぜるのに必要なしゃもじを用いることすらできなかった。ある女は手を自由に動かすことができず、つぼに近づけすぎてやけどした。女は怒って、しゃもじを振り上げ、天を破った。雲は怒って地上から遠く離れていった。

神話B

昔、岩はやわらかく、天は大地に近かった。ひとびとは雲を切取って食べていた。あるとき、一人の女が雲が近すぎるのに腹を立て、しゃもじで天を突刺した。雲は怒って去り、そのため一年に一度しか雨を降らさない（一度の雨期）。

あとがき

写真でみた黒人の木彫に心ひかれてから、そのような木彫を生んだ精神の世界を理解することを主要な研究テーマの一つとしてきた。人類学者たちの報告書の多くは、木彫やドラムのリズムが証しする強靱で豊かな生を支えている神話の世界について述べている。そこで黒人たちはおそらく、いわゆる汎神論と超越的な唯一神教の中間地帯に新しい可能性を展開しつつあり、そこには、古典古代やアジアの高文明を中心として形成されているわれわれの世界史像に衝撃を与えるに足るものがある。また、それは農耕生活に根ざし、日本の場合と似たところの多い祖先崇拝の体系を中核とする世界であるから、われわれを支えている「日本」の伝統を映し出す鏡にもなり得るはずである。にもかかわらず、アフリカの神話は、日本では未だごく一部の人にしか知られていないので、若干の種族の神話に解説をつけて紹介してみたいと考えて筆をとった。言うまでもないことであるが、本書は研究書と称すべきものではないし、独創性を主張するものでもない。ささやかな紹介の任を果たし、あわせて今後の研究の手がかりを示すことが本書の目的である。

本書において描かれているのは、植民地支配や貨幣経済の浸透による深刻な変動を経験する以前のいわば伝統的な社会であり、時代は大体二十世紀の初頭から三十年代にかけてである。それ故本書の記述は、現代のアフリカについて直接何事かを語ろうとするものではない。

資料として用いたのは、主としてイギリスやフランスの社会人類学者の調査報告である。彼らは研究対象として選んだ種族の社会に住み込み、その種族の言葉を習得し、生活を共にしながら調査研究を行なっている。神話のテキストは、彼らが採集し英語やフランス語に翻訳したものの邦訳である。単に神話の筋だけでなく、個々の神話の解釈についてもこれらの人びとの研究に負うところが多い。直接間接に参照した文献は巻末に文献目録として集録しておいたので、関心のある方は直接それらに当られることをおすすめする。アフリカの神話や世界観についてはドイツ人学者による研究も多いが、それらは神話を文化史の流れの中に位置づけつつ研究する方法をとっており、どちらかといえば歴史的な観点に特長がある。

なお、本書の一部は修士論文に手を入れたものである。修士論文の執筆に際しては大林太良先生の懇切な御指導を受けた。のみならず本書が出版されるについても同先生の御配慮に負うところが多い。また、著者が卒業論文の準備をしていた頃に発足した「アフリカ研究会」の諸先輩との交わりは、アフリカ研究にかぎらぬさまざまな刺激と示唆に富み忘れ難いものである。その他授業や議論を通じて多くの師友から啓発されてきたし、そのうち三、四の人達は本書の原稿に目を通していろいろと助言してくれた。本書の出版に当っては矢島文夫氏にひとかたならぬお世話になった。これらの方々に対し、この機会を借りて心からの謝意を表したい。

一九六五年一月

阿部年晴

参考文献

〔略号〕
AIG : African Idea of God. Smith, E. (ed.) London, 1949
AW : African Worlds. Forde, D. (ed.) London, 1954
CSA : Culture and Societies of Africa. Ottenberg, S. & P. (ed.) New York, 1960
ESA : Ethnographic Survey of Africa. Forde, D. (ed.) International African Institute, London
JRAI : Journal of Royal Anthropological Institute of Great Britain and Ireland. R. A. Institute of G. B. & I London

第1章
阿部年晴　「アフリカの部族彫刻」『みずゑ』1，1979
Baumann, H. et D. Westermann : Les peuples et les civilizations de l'Afrique. Paris, 1948
Colson, E. : Ancestral Spirits and Social Structure among the Plateau Tonga of Northern Rhodesia.
Colson, E. and Gluckmann, M. : Seven Tribes of British Central Africa. London, 1951
デヴィドソン，B. 『古代アフリカの発見』内山敏訳，紀伊國屋書店，1960
——『アフリカ文明史——西アフリカの歴史』貫名美隆・宮本正興訳，理論社，1975
——『アフリカ史案内』内山敏訳，岩波書店，1964
Deschamps, H. J. : Les religions de l'Afrique noire. Paris, 1954
Fortes, M. Oediqus and Job in West African Religion. Cambridge, 1957
ヤーン，J. 『アフリカの魂を求めて』黄寅秀訳，せりか書房，1976
Jaspan, M. A. : The Ila-Tonga Peoples of North-Western Rhodesia. ESA, 1953
Kagame, A. : La philosoplie băntu-rwandaise de l'Etre. Bruxelles, 1956
川田順造　「アフリカ史への試み——一つの素描として」『東洋文化』33号，東京大学東洋文化研究所，1962

ケニヤッタ，J.『ケニヤ山のふもと』野間寛二郎訳，理論社，1962
木村愛二『古代アフリカ・エジプト史への疑惑』鷹書房，1974
ラブールH.『黒いアフリカの歴史』山口昌男訳，クセジュ文庫，白水社，1962
Murdock, G. P.: Africa—Its Peoples and Their Culture History, MacGraw-Hill, New York, 1959
ポーム，D.『アフリカの民族と文化』川田順造訳，白水社，東京，1961
Tempels, R. P. P. traduit par Rubfens, A. : La Philosophie bantoue. Présence Africaine, Paris, 1949
オリヴァー，R.編『アフリカ史の曙』川田順造訳，岩波書店，1962
オリヴァー，R.，フェイジ，J. D.『アフリカの歴史』時事通信社，1964
シュレ=カナール，J.『黒アフリカ史』野沢協訳，理論社，1964
シニー，M.『古代アフリカ王国』東京大学インクルレコ訳，理論社，1968
寺田和夫・木村重信『沈黙の世界史13，甦える暗黒大陸』新潮社，1970
ターンブル，C. M.『アフリカの部族生活——伝統と変化』松園万亀雄・典子訳，社会思想社，1974
———『アフリカ人間誌』幾野宏訳，草思社，1979
山口昌男「アフリカの知的可能性」『講座・哲学』第13巻『文化』岩波書店，1968
———『アフリカの神話的世界』岩波書店，1971
———「黒い大陸の栄光と悲惨」『世界の歴史6』講談社，1977

第2章

Fvans-Pritchard, E. E.: Nuer Religion. Oxford, 1956
Lienhardt, G.: The Shilluk of the Upper Nile. AW. 1954 pp. 138–163
———: Divinity and Fxperience. The Religion of the Dinka. Oxford, 1961

第3章

阿部年晴「黒アフリカにおける占師と予言者」『言語生活7』筑摩書房，1971
———『救い』（共著），弘文堂，1975
Middleton, J.: Lugbara Religion. London, 1960

Middleton, J. and Tait, D. (ed.) : Tribes without Rulers, Studies in African Segmentary Systems. London (Routledge), 1958

第4章
阿部年晴「仮面と死――ドゴン社会における造形活動と文化」『月間言語別冊1アフリカの文化と言語』大修館，1974
Dechamps, H. J. 前掲書
Griaule, M. : Masques dogons. Paris, 1938
――― : The Dogon of the French Sudan. AW. 1954, pp. 83–110
――― : The Idea of Person among the Dogon. CSA. 1960
―――『水の神』坂井信三他訳，せりか書房，1981
Martie, M. P. : Les Dogon. Presses Universitaires de France, 1957
坂井信三「身体と社会――ドゴン族の生理一言語観を手がかりにして」『社会人類学年報4』弘文堂，1978
―――「ドゴン族の身体・社会観再考――分節化と連続化」『民族学研究，45巻3号』1980
Tait, D. : Analytical Commentary on the Social Structure of the Dogon. Africa, vol. 20, 1950, pp. 175–199

第5章
Herskovits, M. J. and F. S. : Dahomean Narrative. Evanston, 1958
Mercier, P. : The Fon of Dahomey, AW. 1954, pp. 210–234.
ポーム：前掲書

第6章
Turner, V. W. : The Lozi Peoples of North-Western Rhodesia. E. S. A. 1952

第8章
カッシラー，E.『人間』宮城音弥訳，岩波書店，東京，1953
Fliade, M. : Images et symbols Paris, 1952
Kluckhohn, C. : The Philosophy of the Navaho Indians. in Northrop, F. S. C. (ed.) Ideologicol Differences and World Order. London, 1949, pp. 365–384
ランガー，S. K.『シンボルの哲学』矢野，池上他訳，岩波書店，東京，1960

レヴィ＝ブリュル，L.『原始神話学』古野清人訳，弘文堂，東京，1946
Levi-Strauss, C. : Anthropologie structurale, Paris, 1928
Malinowski, B, : Myths in Primitive Psychology. New York, 1926
松村武雄『神話学原論』2巻，昭和15―16年，培風館，東京

その他

Colle, R. P.: Les Baluba Brussels, 1913
Davidson, J. : The Doctorine of God in the life of the Ngombe, Belgian Congo. AIG. pp. 162–179, 1950
Dieterlen, G. : The Mande Creation Myth. Africa, vol. 27, 1957, pp.124–138
Forde, D. (ed.): AfricanWorlds, Studies in the Cosmological Ideas and Social Values of African Peoples. London, 1954
Guillebaud, R. : The Doctrine of God in Ruanda Urundi. AIG. pp. 186–200, London, 1900
Harris : The Idea of Gop among the Mende. AIG. pp. 277–297, London, 1950
Horton, R. : The Kalahari World-View ; An outline and interpretation. Africa, vol. 32, no. 3, 1962
――― : Destiny and the Unconscious in West Africa. Africa, vol. 30. no. 2. 1960
Loupcas, P. : Tradition et légende des Batutsi sur la création du monde et leur établissement au Ruanda. Anthropos, Wien, 1908
沼沢喜市 :「天地分かるる神話の文化史的背景」『アカデミア』南山学会誌，名古屋，vol. 1, no. 1, 1952
Smith, F. W. (ed.) : African Idea of God. London, 1949
Stevenson, R. C. : The Doctorine of God in the Nuba Mountains. AIG. pp. 208–223

著　者　阿《あ》部《べ》年《とし》晴《はる》

1938年生まれ。埼玉大学名誉教授。NPO法人地球ことば村・世界言語博物館理事長。

東京大学大学院生物系研究科文化人類学専門課程博士課程単位取得退学。

専門は文化人類学、アフリカ研究、神話論、文明論。

著書に『アフリカ人の生活と伝統（人間の世界歴史15）』（三省堂）、共著に『現代文化人類学』（弘文堂）、『民族の世界（上・下）』（小学館）、『呪術の人類学』（人文書院）、『辺縁のアジア』（明石書店）、『呪術化するモダニティ』（風響社）などがある。

アフリカの創世神話
〈新装版〉

1981年8月31日　第1刷発行
2013年5月29日　第2刷発行

発行所　株式会社　紀伊國屋書店
東京都新宿区新宿3-17-7

出版部（編集）03-6910-0508
ホールセール部（営業）03-6910-0519
〒153-8504　東京都目黒区下目黒3-7-10

印刷・製本　図書印刷

ISBN978-4-314-01108-2 C0039
Printed in Japan

定価は外装に表示してあります